古代歷史文化 研究輯刊

二六編

王明蓀 主編

第 **27** 冊

民族文化傳承與「國家級」非物質文化遺產保護之研究
——以 yal lengc（侗錦）為例（下）

劉少君 著

國家圖書館出版品預行編目資料

民族文化傳承與「國家級」非物質文化遺產保護之研究——以
yal lengc（侗錦）為例（下）／劉少君 著 -- 初版 -- 新北市：
花木蘭文化事業有限公司，2021〔民110〕
目 6+158 面；19×26 公分
（古代歷史文化研究輯刊 二六編；第 27 冊）
ISBN 978-986-518-610-4（精裝）
1. 侗族 2. 編織工藝 3. 民族文化 4. 中國
618   110011832

ISBN-978-986-518-610-4

9 789865 186104

古代歷史文化研究輯刊
二六編 第二七冊   ISBN：978-986-518-610-4

民族文化傳承與「國家級」非物質文化遺產保護之研究
——以 yal lengc（侗錦）為例（下）

作　　者　劉少君
主　　編　王明蓀
總 編 輯　杜潔祥
副總編輯　楊嘉樂
編　　輯　許郁翎、張雅淋、潘玟靜　美術編輯　陳逸婷
出　　版　花木蘭文化事業有限公司
發 行 人　高小娟
聯絡地址　235 新北市中和區中安街七二號十三樓
　　　　　電話：02-2923-1455／傳真：02-2923-1452
網　　址　http://www.huamulan.tw 信箱 service@huamulans.com
印　　刷　普羅文化出版廣告事業
初　　版　2021 年 9 月
全書字數　378435 字
定　　價　二六編 32 冊（精裝）台幣 88,000 元

民族文化傳承與「國家級」非物質文化遺產保護之研究
——以 yal lengc（侗錦）為例（下）

劉少君　著

上　冊

謝　誌

緒　論 …………………………………………………… 1

　一、研究背景與動機 ……………………………… 1

　二、研究方法與研究範圍 ………………………… 3

　三、問題意識 ……………………………………… 7

　四、研究目的 ……………………………………… 10

　五、環繞侗族相關研究探討 ……………………… 11

第一章　文化生態的情結探討 ………………… 19

　第一節　侗族文化的歷史進程 …………………… 19

　　一、侗族的發展歷程 …………………………… 19

　　二、侗族族稱與族源的討論 …………………… 23

　第二節　侗族與自然共生 ………………………… 28

　　一、侗族地區的自然環境 ……………………… 28

　　二、侗族村寨佈局規劃與傳統民居建築 ……… 30

　　三、侗族人與自然合一的民族特色 …………… 32

　第三節　侗族的和諧社會信念 …………………… 36

　　一、湖南省通道之南部侗族社區概況 ………… 36

　　二、寬容和柔、趨靜求穩的文化品格 ………… 37

　　三、尊祖敬老、秩序和諧的民俗文化 ………… 39

　　四、侗族和睦社交的人文意識 ………………… 42

　　五、和諧的社會信念對當代的現實啟示 ……… 44

　第四節　侗族精神中的文化價值觀 ……………… 45

　　一、在傳統主義精神價值觀 …………………… 45

　　二、生態精神價值觀方面 ……………………… 47

第二章　侗錦歷史發展與研究 ………………… 53

　第一節　侗錦歷史與發展歷程 …………………… 53

　　一、侗族織錦的發展過程 ……………………… 53

　　二、侗族服飾的變化 …………………………… 60

　　三、侗族服飾上的歷史痕跡 …………………… 63

　　四、侗錦文化的思想 …………………………… 64

目
次

第二節　侗錦保存研究……………………………… 67
　一、侗錦的研究……………………………………… 67
　二、侗錦的保存現狀……………………………… 71
　三、當代侗錦傳承重要人物的生命史………… 74
第三節　侗錦的織造流程………………………… 79
　一、紡織工具…………………………………………… 80
　二、織造前工序……………………………………… 83
　三、織布與織錦……………………………………… 89
　四、侗錦的用料……………………………………… 94
第三章　侗錦審美文化詮釋……………………… 99
第一節　侗錦藝術的審美追求…………………… 99
　一、以線造型………………………………………… 100
　二、氣韻生動………………………………………… 102
　三、應物象形………………………………………… 103
　四、經營位置………………………………………… 104
　五、隨類賦彩………………………………………… 108
第二節　侗錦蘊含的美學文化…………………… 111
　一、侗錦在生活美學中的社會功能…………… 111
　二、侗錦在交換中的薩文化意識……………… 115
第三節　侗錦符號的文化解析…………………… 122
　一、自然崇拜（nature worship）…………… 124
　二、圖騰崇拜（totem worship）……………… 129
　三、祖宗崇拜（ancestor worship）………… 133
　四、生殖崇拜（reproductive worship）…… 137
第四章　侗錦傳承與文化嬗變…………………… 143
第一節　侗錦在當代的變遷……………………… 144
　一、生產工藝的改進……………………………… 145
　二、種類的改變…………………………………… 146
　三、圖案題材的變遷……………………………… 149
　四、原材料的改變………………………………… 151
　五、審美價值的變與不變………………………… 154
　六、由侗錦變遷引發的深思……………………… 156

第二節　侗錦傳承的式微與反思 ……………………… 157
　　一、侗錦文化當下的問題 ………………………… 159
　　二、侗錦織造技藝保存的問題 …………………… 162
　　三、侗錦的傳授與繼承 …………………………… 166
第三節　織造技藝傳承人的文化適應………………… 168
　　一、生態環境與織造技藝傳承人的文化適應‥ 168
　　二、文化困境與織造技藝傳承人的文化適應‥ 172
　　三、文化傳承與織造技藝傳承人的文化適應‥ 174
　　四、文化創新與織造技藝傳承人的文化適應‥ 176

下　冊

第五章　從文物保存到非物質文化遺產保護……… 181
第一節　國家對非物質文化遺產保護的政策 …… 184
　　一、國際對非物質文化遺產的關注與作為 … 184
　　二、國外政府保護非物質文化遺產的啟示 … 192
第二節　非物質文化遺產保護措施與政府的角色 195
　　一、政府走向主導保護原則的因素 …………… 198
　　二、政府在保護工作中的主導性角色與功能‥ 201
　　三、地方政府多元模式的保護措施 ………… 207
第三節　關於民族文化遺產的法源與傳承人制度 214
　　一、關於民族文化遺產的法源 ……………… 214
　　二、非物質文化遺產傳承人的制度探討 …… 218

第六章　活化侗錦的新生境 ……………………… 227
第一節　博物館化保護……………………………… 228
　　一、博物館與侗錦織造技藝的保護 ………… 230
　　二、新博物館對侗錦織造技藝的保護 ……… 237
第二節　文化旅遊與文化遺產保護的和諧共生 … 242
　　一、侗族地區文化旅遊的活化與再生 ……… 242
　　二、文化商品化的相關探討 ………………… 248
第三節　活化侗錦的新思維 ……………………… 260
　　一、當代侗錦創意的新思維 ………………… 261
　　二、當代侗錦的價值構成 …………………… 268
　　三、侗錦文化在文化創意產業發展中的意義‥ 274

結　論 ……………………………………………… 279
　一、侗錦文化的發展與研究 …………………… 280
　二、侗錦審美與文化價值 ……………………… 281
　三、侗錦文化的變遷與適應 …………………… 282
　四、建立非物質文化遺產保護制度的過程 … 283
　五、侗錦博物館化保護 ………………………… 286
　六、活化侗錦的文化創新 ……………………… 287
參考文獻 …………………………………………… 291
附錄一　國家級非物質文化遺產代表性專案
　　　　代表性傳承人認定與管理辦法………… 309
附錄二　湖南省非物質文化遺產專案代表性
　　　　傳承人認定與管理辦法 ………………… 315
附錄三　通道縣非物質文化遺產項目代表性
　　　　傳承人認定、推薦與管理暫行辦法…… 321
附錄四　侗族——國家級非物質文化遺產代表性
　　　　項目名錄 ………………………………… 325
附錄五　侗族——省級非物質文化遺產代表性
　　　　項目名錄 ………………………………… 327
附錄六　國家級非物質文化遺產項目名錄——
　　　　織錦技藝項目 …………………………… 331
附錄七　通道侗族自治縣列入非物質文化遺產
　　　　項目名錄及傳承人 ……………………… 333
附錄八　侗族人口數與密集度排名表（依中國
　　　　國家統計局 2010 年第五次人口普查
　　　　統計） …………………………………… 335
附錄九　侗錦織造技藝主要訪談對象…………… 337
圖目次
　圖緒 1：侗族人口比例分佈圖 ………………… 6
　圖 2-1：台商的餐墊布 ………………………… 72
　圖 2-2：迎合市場的新織品 …………………… 73
　圖 2-3：拼貼的床單及局部 …………………… 73
　圖 2-4：軋車 …………………………………… 80
　圖 2-5：紡紗車 ………………………………… 81

圖2-6：絡車 ……………………………………… 81

圖2-7：整經機組 ………………………………… 82

圖2-8：侗錦織造前幾項重要工序 …………… 85

圖2-9：整經流程分解圖 ……………………… 86

圖2-10：穿筘流程分解圖 ……………………… 87

圖2-11：梳紗流程分解圖 ……………………… 88

圖2-12：捲紗流程分解圖 ……………………… 88

圖2-13：檢紗流程圖 …………………………… 89

圖2-14：建綜織花流程圖 ……………………… 90

圖2-15：換綜織花流程圖 ……………………… 91

圖2-16：侗錦織機 ……………………………… 92

圖2-17：織布機部件圖 ………………………… 93

圖3-1：通道縣侗錦圍腰 …………………… 106

圖3-2：獨坡鄉老鼠娶親侗錦 ……………… 107

圖3-3：水井紋侗錦織品 …………………… 139

圖3-4：侗錦杉木紋圖樣 …………………… 140

圖3-5：侗錦太陽紋及星系紋圖樣 ………… 140

圖3-6：侗錦喜鵲鳥紋圖樣 ………………… 140

圖3-7：侗錦龍紋及鳳紋圖樣 ……………… 140

圖3-8：侗錦太陽紋圖樣 …………………… 141

圖3-9：侗錦蜘蛛紋圖樣 …………………… 141

圖3-10：侗錦哆耶踩歌堂紋圖樣 …………… 141

圖3-11：侗錦魚紋圖樣 ……………………… 142

圖3-12：侗錦竹根花紋圖樣 ………………… 142

圖6-1：侗錦茶几墊（桌旗） ……………… 251

圖6-2：「錦‧魚」布飾 …………………… 251

圖6-3：以馬圖紋設計的侗錦文創產品 …… 270

表目次

表緒1：通道侗語聲調表 ……………………… 3

表3-1：侗錦圖紋符號 ……………………… 139

表4-1：傳統侗錦與現代侗錦種類的比較 …… 147

第五章 從文物保存到非物質文化遺產保護

　　中國政府自 2003 年年初啟動的民族民間文化保護工程和接下來轉換的全國性非物質文化遺產保護工作是近三十多年來聯合國教科文組織發起的全球性的人類文化遺產保護工程的重要組成部分。今天當我們全面解讀非物質文化遺產的理論和實踐的時侯，首先需要了解國際性的人類文化遺產保護龐大工程運作的來龍去脈，因為，這畢竟是了解非物質文化遺產保護的前提。

　　非物質文化遺產的概念及其保護工作，不是憑空臆造出來的，現代人類文明發展，是在經過了近三十多年來，通過深刻的思考和科學的嘗試，才創建出跨世紀的新概念和新舉措之一。它跨越了現代文明的高速發展期，連續大力推進了具有里程碑式的三大文化舉措，才有了今天的世界性文化遺產保護的巨大成就。

　　「非物質文化遺產」一詞來自於上世紀 60 年代，由於興建大型工程、旅遊產業和舊城改造等的發展，使得很多文物與古蹟造成大規模的破壞。它們一方面因年久失修與腐朽所致，另一方面是因為社會和經濟條件急劇變化，使得情況更加惡化，造成了難以彌補的損害或破壞。考慮到任何自然或人文遺產的損壞或遺失都會造成全世界遺產枯竭的嚴重後果。放眼世界，當今考慮到「國家級保護」這類遺產的許多工作並不完善，其主要原因在於這項工作需要大量的財力和智力投入，而列為保護對象的遺產所在國，絕大多數是發展中國家和地區，它們並不具備充份的經濟、科學技術力量。國際上對非物質文化遺產的認識和保護理念經歷了幾個發展階段。以聯合國為例，聯合

國教科文組織對無形文化遺產的認同和付諸實踐，經歷了不同的階段。

早在 1950 年，聯合國教科文組織就著手從事記錄、保護非洲及美洲大陸原住民族傳統文化的工作。當時的主要目的就是在外來文化大量侵入之前，及時地記錄和保護原住民族固有的文化，以防在外來因素影響下，他們的文化傳統發生變化，甚至原貌消失。出於相同的考慮，自 1955 年開始在印度、緬甸、印尼、巴基斯坦等南亞和東南亞國家進行了為期四年的傳統文化調查研究工作。這項工作起初被列入聯合國教科文組織的「人文科學研究事業」項目中，後來又被列入「人類文化遺產保存事業」項目。之後，非洲文化同樣成為人類學、民俗學的研究項目，到了 1961 年設立了地域文化研究事業項目，亞洲、非洲、拉丁美洲等正在發生急劇變化的區域，其文化遺產的保護和發展問題便成為工作的重點。

1972 年，聯合國科教文組織通過《保護世界文化和自然遺產公約》，提出了「世界遺產」的概念，開啟了世界遺產保護的工程，要求各國擴大對古蹟文物的保護，主要提出兩點重要的考慮。一是考慮到威脅這類產業危險的規模和嚴重性，整個國際社會有責任透過提供集體性援助來參與保護那些具有特殊價值的文化和自然遺產，這種援助必將對相關國家採取的保護做出有效補充。二是考慮到有必要通過正式公約的形式，為集體保護具有重大普遍價值的文化遺產和自然遺產建立一個永久性的有效制度。其目的是對人類世界具有特殊意義的自然和文化遺產進行識別和保護。換言之，這樣的保護被確立為一種國際共同責任。

此後，在 1989 年，聯合國科教文組織頒佈《保護民間創作建議案》，提出了民間創作（或民間文化）的概念，啟動了民間創作保護工程。大會建議各會員國根據各國的憲法規定，通過所需要的立法措施或其他步驟，執行保護民間創作的各項規定，以便在其領土上實施該建議所規定的原則和措施。大會建議各會員國將建議案通知負責保護民間文化的主管部門，提請他們予以重視，同時建議各會員國鼓勵和各有關國際組織進行接觸。其中保存涉及的是民間文化傳統的資料，保存的目的是使民間文化的研究者和傳播者能夠使用資料。要求各會員國建立民間創作的國家檔案機構，收集並貯存民間創作資料，並提供給大眾使用；建立博物館或在現有博物館中增設民間文化部分，以展示民間傳統的展品。而在保護方面，主要是針對民間文化傳統及其傳播者的保護，其主要觀點是因為民眾有權享有自己的文化，但是因為媒體

傳播現代流行文化的影響，使民眾與這種文化的結合力逐漸削弱。因此，必須採取措施，在擁有民間文化傳統群體的內部和外部，保障民間文化傳統的地位，並保證從經濟上給予支持。更應當在廣泛傳播的過程中，使人民意識到民間文化的價值和保護民間創作的重要性；並且必須避免任何歪曲，以維持傳統的完整性。

　　1997 年 1 月聯合國教科文組織第 29 屆大會通過了建立「人類口頭與非物質文化遺產代表作」的決議。1998 年頒佈《人類口頭及無形文化遺產代表作條例》，正式提出了人類口頭和非物質遺產並列的概念，開啟了申報人類口頭和非物質遺產代表作名錄的任務。非物質文化遺產（Intangible Cultural Heritage）又被譯為「無形文化遺產」，它是指「被各群體、團體、有時為個人視為其文化遺產的各種實踐、表演、表現形式、知識和技能及其有關的工具、實物、工藝品和文化場所」。〔註 1〕亦即來自某一文化社區的集體創作，這些創作以傳統為依據，包括所有的形式，它們作為文化和社會特性的表達形式、準則和價值，透過模仿或其他方式口頭相傳。它的形式包括：語言、口頭文學、音樂、舞蹈、遊戲、競技、神話、禮儀、風俗習慣、手工藝、建築術及其它藝術。除此之外，還包括傳統形式的傳播和信息。就教科文組織的新定義，原譯文是：

> 人們學習的過程及在學習過程中學到的和自創的知識、技術和創造力，還有他們在這一過程中創造的產品以及它們持續發展所必需的資源、空間和其他社會及自然結構；這些過程會使現存的社區具有一種與先輩們相連續的意識，對文化認定很重要，對人類文人多樣性和創造性保護也有著重要意義。〔註 2〕

　　這項非物質文化遺產的定義與中國現在所提出的民族民間文化遺產的定義類似。《世界遺產公約》從概念框架上對此定義作了具體的說明，指出「非物質文化遺產」包括以下五個方面：（1）口頭傳統和表述，包括作為非物質文化遺產媒介的語言；（2）表演藝術；（3）社會風俗、禮儀、節慶；（4）有關自然界和宇宙的知識和實踐；（5）傳統的手工藝技能。進而指出「保護」非物

〔註 1〕聯合國教科文組織，2003。〈保護非物質文化遺產公約〉。檢視日期：2010 年 4 月 15 日，http://unesdoc.unesco.org/images/0013/001325/132540c.pdf。

〔註 2〕烏丙安，2012。〈非物質文化遺產保護的科學管理及操作規程〉。新疆哲學社會科學網中國非物質文化遺產網。檢視日期：2014 年 5 月 20 日，http://big5.xjass.com/mzwh/content/ 2012-11/05/content_251792.htm。

質文化遺產是指「採取措施，確保非物質文化遺產的生命力，包括這種遺產各個方面的確認、立檔、研究、保存、保護、宣傳、弘揚、承傳（主要通過正規和非正規教育）和振興。

到了 1999 年 11 月設立了第 30 屆人類非物質文化和口頭遺產代表作名錄。2000 年後，聯合國科教文組織正式發起設立「代表作名錄」，並申報工作制訂《申報條例指南》。2001 年後開始確定第一批代表作，隨後 2003 年開始公佈第二批代表作名錄。

這些意味著非物質文化遺產正式開始被國際社會接受，亦即人們對非物質文化遺產的保護經歷，從自發到自覺、從個體參與到國家參與，最後統歸聯合國統一領導的發展過程，作為國際共同執行認定非物質遺產的基本依據。

第一節　國家對非物質文化遺產保護的政策

當前，在中國全面啟動的非物質文化遺產保護工程，已經進入具體的實施階段，保護項目的工作已經由國家批准「立項」進入執行任務和具體操作的工作程序。由於整個工作從一開始就出現了各省區參差不齊的不平衡狀態，因此，在反復不斷地提高各地對保護非物質文化遺產意義認識的同時，具體指導所有試點項目的保護工作就顯得十分重要。其中，嚴格有效的管理和標準化的操作規程就成為推動工作有效進展的當務之急。如何實行嚴格有效的管理與推行標準化操作規程將在本節中提出兩方面的討論。簡言之，一是需要特別借鑒國際上保護非物質文化遺產的成功經驗；二是需要密切結合中國國情，特別是結合中國非物質文化遺產生存狀態的各種實際情況，以進取對文化保護的經驗教訓。以下就逐次探討國際社會上幾個國家在非物質文化遺產的相關經驗，以及中國在非物質文化遺產中的角色的功能。

一、國際對非物質文化遺產的關注與作為

聯合國教科文組織所頒佈的一切宣言、憲章、公約，以及舉辦的各種論壇、活動等都需要各成員國的積極支援、參與和履行。因此，在公眾教育方面，聯合國教科文組織主要是透過具體各成員國遵循聯合國教科文組織基本精神，在中國內開展的非物質文化遺產保護宣傳教育工作，以及各成員國合力完成一些極具影響力的國際合作專案來實現的。例如，世界遺產大會先後在美國、埃及、法國、澳大利亞、義大利、巴西、加拿大、泰國、德國、墨西

哥、日本、芬蘭、匈牙利、中國、南非、西班牙、巴西等地舉行，其影響已經擴及全世界。目前在國際範圍內共有 187 個國家或地區加入《世界遺產公約》成為締約國〔註3〕，可見其世界影響範圍相當廣泛。聯合國教科文組織在全世界範圍內透過法律法規的制定，督促締約國嚴格確實宣傳與引導重塑非物質文化遺產保護傳承的價值理念，並進一步影響成員國的文化遺產保護和宣傳工作，這些成就獲得了高度的認可。

　　「借鑒他山之石，審思己身之境」，其實已是今日快速傳遞資訊，無國界來往時代，必須應有的當下思維。縱觀世界各國保護非物質文化遺產的現狀，它們都形成了具有各國特色的保護模式，為中國不完善的保護現狀提供了很多成功的經驗和啟示。在此，主要對法國、日本、韓國等國家在非物質文化遺產保護方面的情況做分析討論：

（一）法國基於保護區概念的制度

　　戰後的西歐各國中，法國是較早開始對文化遺產實施保護的國家。但是主要針對的是文物古蹟、古建築群和古遺址等有形遺產。法國是世界上最早制訂歷史文化遺產保護法的國家。1840 年，法國頒佈了《歷史性建築法案》，這是世界上第一部關於保護文物的法律。（王文靜，2011：26～32）文化遺產保護成為世界各國社會發展的基本原則後，法國也開始逐步推進非物質文化遺產的保護與傳承。法國在法規制度層面上的成就並不突出，嚴格意義上來說，法國缺乏關於非物質文化遺產的專門性法律法規，僅僅呈現於相關文化遺產保護的法律體系中。法國文化遺產保護思想最初產生於 1789 年的法國大革命時期。在這次革命以及此後的暴力衝突中，文化遺產遭受了大規模的毀壞。在殘酷的現實面前，人們的文化遺產意識才逐漸覺醒，意識到保護文化遺產的必要性與重大價值。（王雋，2014：23～38）其基本作法是：

　　1. 非物質文化遺產保護的法規體系。1967 年法國對原有《景觀保護法》進行了大規模修改，不但對已經進入本國遺產名錄的文化遺產提出了更加嚴格的保護要求，為保護景觀的完整性，該法案還同時對這些文化及自然景觀周邊環境的保護提出具體辦法。這種整體保護理念的提出，對後來的文化及自然遺產的保護產生了積極的影響。另一項重要舉措便是《歷史街區保護法》

〔註3〕數據來自百度百科，檢視日期：2014 年 8 月 1 日，http://baike.baidu.com/view/647209.htm。

的頒佈。這部法律和後來在此一基礎上制訂出來的 1973 年頒佈的《城市規劃法》，一同建構了法國歷史建築與歷史街區保護工作中最為重要的法律依據，（顧軍，2005：136～137）其立法宗旨也非常明確，即保護歷史建築的最好辦法，便是對歷史街區實施整體保護策略。

2. 完善的文化遺產大普查歸檔制度。在法國，「大到教堂、小到湯匙」，巨細無遺地登記造冊。僅國家登記入冊的遺產就有 4 萬件。法國歷史上有兩次對文化遺產進行了大普查工作，20 世紀初的第一次普查，由於財力、物力、人力的限制，沒有系統化展開，但是在 20 世紀 60 年代的大普查中，對法國的文化遺產則是徹底普查。隨著電腦的普及，法國的文化遺產保護工作更向前邁進了一步，同時也標誌著文化遺產保護資訊時代的到來。（王文靜，2011：26～32）法國的文化遺產登記制度是世界上最早的，在逐漸完善的過程中需要大量儲存資料的設備，數位化資訊設備便是當時直到現在都是保存文化遺產的最佳方式之一。

3. 重視發揮民間組織保護遺產的作用。法國在遺產保護方面有很多的經驗，其中很重要的一點就是鼓勵民間組織在保護文化遺產方面發揮功能。法國政府簽署了國家與協會契約憲章，充分肯定民間組織在遺產保護中的地位，並給予他們在制定有關遺產政策中的參與權；同時強調重新定位角色，把對某些遺產的認知和管理權充分下放，交由最直接的地方組織負責。（劉望春，2003：43～44）民間參與文化遺產保護的制度，讓民眾親身參與保護工作，是讓民眾自覺保護意識，更積極有效地達成文化遺產的永續性發展。

4. 穩步的資源投入與資金援助。法國政府對文化遺產的管理，以國家編列預算為主，以行政和立法手段為輔，並以每年至少 1%的比例增長。例如，法國政府設立文化信貸，讓很多銀行等金融機構和財政機構進行投資，以支持法國文化遺產的保護和發展工作；對地方文化機構予以充足的財力支持，鼓勵地方政府大力發展當地的文化遺產保護事業，以增加積極力度；設立文化遺產專項基金和基金委員會，保證對文化遺產有足夠的投入，鼓勵各企業團體和個人積極參與保護文化遺產。（王文靜，2011：26～32）的確，在保護文化遺產的過程中，最重要的就是政府以資金實質上的支援，以充份確保執行保護的工作。

（二）日本引入西方的登錄制度

日本是世界上最早關注非物質文化遺產保護的國家。自明治政府以來，

歷屆日本政府長期注重對文化遺產的保護，經過一百多年的修改和補充，日本政府總結並創設了嚴密的規範與體系。日本政府 1950 年制訂了《文化財產保護法》，該法律將保護對象分為有形文化財產、無形文化財產等八類，並創造性地提出了無形文化遺產理念，這使得日本成為世界上最早以法律形式規定非物質文化遺產的範疇和保護方法的國家，對世界其他國家的遺產資源保護產生了深遠的影響和貢獻，其文化遺產的劃分標準至今仍為聯合國教科文組織所採用。

1. 日本政府是由中央政府、道府縣和市町村政府三個層級組織組成的。在中央，政府設有專門負責無形文化財和民俗無形文化財的部門，他們分別是美術學藝科和傳統文化科中的民俗文化財部門；（王文靜，2011：26～32）與此同時，設有專門為文部大臣及文化廳長官提供諮詢的諮詢機構「文化財保護審議會」。這個保護機構由國家文化廳負責指導管理，是專門負責保護文化遺產的政府機構，並一直存留下來。其主要工作職能是向文化廳長官和文部大臣提供全面諮詢，同時委員會內部建構「無形文化課」，主要管理日本傳統戲曲的保護與發展工作。（王雋，2014：23～38）在地方，日本的各個行政區直到村都設有教育委員會，專門負責各轄區內的文化遺產的保護和管理。而道府縣和市町村政府稱為地方政府。地方政府是非物質文化遺產保護的直接執行者，與非物質文化遺產的傳承人有著最直接的聯繫。同樣的，地方政府也設置了「文化財保護審議會」，與民間團體共同保護當地的文化財。

2. 結合無形文化財的「登錄制度」和「指定制度」。1996 年，日本國會通過了再度修改的《文化財保護法》，引入了歐美國家保護文化遺產和非物質文化遺產的「登錄制度」，亦即將文化遺產和非物質文化遺產進行註冊、登記，透過登錄認定文化遺產和非物質文化遺產的資格，確定它們的歷史與文化價值。同時用不同層次的法律、法規、條例等加以約束，並透過媒體公佈於眾，提高大眾的保護意識，以推動文化遺產和非物質文化遺產的保護。至於「指定制度」，主要是政府對文化遺產中特別重要、突出和具有特殊價值的予以嚴格篩選和「指定」，進而對其所有者也做出一些必要的限制，具有強制性，可以同時指定無形文化財及其所有人（「人間國寶」）。文化遺產指定制度發展歷時較長，依據日本文化遺產的不同類型，如「國寶」、「重要文化遺產」、「特別名勝史跡」、「自然紀念物」等，指定具有重要價值的非物質文化遺產，並進行完整的保存和詳細的歸檔記錄及整理，同時認定相關傳承人。實施指定認

證的主體是政府與相關文化專家，重點保護特定時代和典型風格的關鍵非物質文化遺產類型。日本的都道府縣都有權在自己的轄區內指定屬於自己的文化遺產。截至 2000 年底，日本各都道府縣共指定無形文化財 157 項，市鎮村共指定無形文化財 1,024 項；都道府縣共指定無形民俗文化財 1,653 項，市鎮村共指定無形民俗文化財 5,228 項。（顧軍、苑利，2005：108）而根據各媒體報導的資料所示，在地方為了彌補指定制度的漏報問題，則主要是經過擁有者自己申報登錄。

3. 細步分類保護體系。日本的《文化財保護法》把國家指定文化財細分為有形文化財、無形文化財、民俗文化財、紀念物和傳統建築物群落等五部份。在政府的界定中，那些具有較高的歷史文化價值和藝術價值的無形文化載體都屬於無形文化財，例如傳統戲劇、音樂、舞蹈、工藝技術等。（周安伯，2003：58～59）文化財細分出的民俗文化財可以分為「民俗有形文化財」和「民俗無形文化財」兩種。在人們的日常生活中所形成的風俗習慣，在生產生活中所形成的民俗和節慶等都被稱為「民俗無形文化財」，包括衣食住行、宗教信仰、民俗習慣和民俗節慶等。另外，在「民俗無形文化財」中能夠被使用的各種物品，都被稱為「民俗有形文化財」，例如，各式各樣的服飾、建築、手工藝品等等。（王文靜，2011：26～32）的確，日本在此方面制度的建立已達百年之久，確實在分類的定義、內涵與價值的認定，顯然不失其嚴謹，但卻更為靈活。

4. 資金投入與穩定成長。1996 年 10 月《文化財保護法》進行了第四次大幅度修訂，規定日本政府對於非物質文化遺產的登錄工作，將撥付專款予以支援。（牟延林、譚宏、劉壯，2010：56）截至 2004 年，日本已經認定重要個人無形文化財 78 項，傳承人 107 人；重要綜合無形文化財 13 項，傳承團體 13 個。重要民俗無形文化財 202 項。文化財保存技術個人持有者 46 名，持有團體 16 個。隨著文物保存及修復技術納入非物質文化遺產保護範疇，政府對於「保存、修復技術這一特殊遺產專案的投資也是日益增大。國家對重要無形文化財實施保護的特別援助金額是 200 萬日元；團體及綜合認定項目約 1.26 億日元。平均國家用於無形文化財調查經費是 5,000 萬日元，用於民俗無形文化財傳承及活動方面的經費是 1.8 億日元。每年投資 5,000 萬日元用於個人修復技術的傳承；投資 9,000 萬日元用於團體修復技術的傳承；還投資 4000 萬日元用於文化財保存技術的國內研修與交流等。」（苑利、顧軍，2009：

21）此外，日本國內還成立了多項資助文化遺產的基金會。例如「振興文化藝術基金會」，該基金會由政府和民間共同出資組建，在日本具有一定的影響力，得到了民眾普遍的大力支持。2002 年籌集到共約 14 億日元，所得資金主要是用於發展和保護日本的文化藝術。（王文章，2008：213）這種方式主要是國家投資的保護方式，採取政府在國民經濟預算中逐年增加對非物質文化遺產保護的實際投資，以及運用政策推動市場保護的方式，也可以說這是一種政府投資與政策合力保護的方式。

　　5. 日本非常注重對民眾非物質文化遺產意識的教育工作。首先，政府從國家層面頒佈各項法律法規，引導國內民眾不斷加強保護文化遺產的自覺意識，營造社會各界尊重以及重視保護傳承文化遺產的良好氛圍。其次，許多著名學者及相關知識份子的理論研究及宣傳教育實踐行為，也感染著民眾在非物質文化遺產保護意識的覺醒。精英知識份子憑藉出色的理論和實踐成果改變著社會公眾對待傳統文化的觀點與態度，而社會公眾自發自覺的實踐行動則徹底轉變著自身對於非遺保護的思維模式與思想觀念。（王雋，2014：23～38）這說明日本非遺的保護是在學術理論與實際應用的基礎上所產生的。民眾經由自己的親身體驗和感受，覺察到非物質文化遺產與人類生產生活之間不可分割的依存關聯，不斷提升保護傳承非物質文化遺產的覺悟認識，並積極付諸於一系列實際保護行動。最後在國家層面的政策支持和民間參與下，日本非遺的保護理念才能有效地付諸實施。

　　另外，日本也強調對於無形文化財的有效利用。在日本政府的文化政策中，不僅重視非物質文化遺產的開發，獲得一定的經濟效益。根據日本的有關法律規定，無形文化財的名目確立，必須向全國民眾和社會公眾公示，讓民眾瞭解國家及本地區無形文化財的狀況，這有利於發揮無形文化財的影響和價值，也是活用無形文化財非常重要的一環。例如，日本政府政策的傾向之一是讓文化遺產「公有化」，如果私人擁有的文化遺產想變賣，包括建築物、收藏品等等，政府會用公共財產將其買下來，作為公共財物的一部分，並加以保護與利用。在地方上，政府注重發揮地方文化特色，在保護本地區文化遺產的前提下，發展地方旅遊等項目。如「地方文化情報系統」等許多文化建設項目都體現了對文化遺產的活用和開發，不僅保護了當地的文化傳統，而且在一定程度上，促進了當地經濟的發展。（王文靜，2011：26～32）另一方面，就是在振興地方文化，突出地方特色方面，文化遺產也是功不可沒。

近年來，由政府文化廳組織和實施的所謂「家鄉文化再興事業」、「地域藝術文化活性化事業」、「地方文化情報系統」、「推進青少年體驗文化藝術活動」等很多項目，其實都是為了支持各個地方的文化事業。在某種程度上，其目的也都是在促使地方傳統文化的再生與發展的項目，其中也包含對文化遺產予以活用和開發的思路。總之，在日本政府的文化政策中，對於非物質文化遺產的保護與活用是同等重要的。不過，如何才能使文化遺產，尤其是無形文化遺產與地方產業，特別是文化產業的發展相互結合起來，形成相互促進的關係，這其實是一個有關可持續發展的世界性難題。

（三）韓國走向商業化與旅遊化的制度

20 世紀 60 年代西方文明大規模湧入韓國社會，不同的文化交流與碰撞在帶來機遇的同時也產生了一系列矛盾問題，韓國獨特的文化，尤其是民族傳統文化受到了空前的衝擊。眾多的文化專家學者和社會有識之士奮力宣導保護優秀傳統文化的重要性與緊迫性；加之受東鄰日本保護非物質文化遺產思潮的影響，韓國朝野逐漸察覺到保護傳統優秀文化的必要性與迫切性，思想觀念發生了很大轉變，非物質文化遺產的保護被列入政府議事日程，並逐漸步入正軌。

1. 制定完善的法律規範。韓國是世界上繼日本之後第二個以法律形式進行保護無形文化財的國家。鑒於日本的先進經驗，韓國政府在 20 世紀 60 年代開始就著力於傳統民族、民間文化的搜集和整理，並於 1962 年通過了韓國歷史上最為完整的一部綜合保護文化遺產的——《文化財保護法》。（王文靜，2011：26～32）該法其內容將文化財（即文化遺產）分為有形文化遺產、無形文化遺產、紀念物和民俗資料等四項。法律同時規定國家應保護傳承重要的無形文化遺產，積極弘揚傳播優秀傳統文化，不斷為無形文化遺產的傳承者或傳承團體提供經費支援，並規定嚴格的資助標準與具體資助內容範圍。法律還規定了專門負責管理文化遺產保護工作的文化行政部門的創設及職權範圍，公佈了無形文化遺產的申報、審查、批准之相關規定。尤其值得注意的是賦予文化遺產行政部門官員的特別權力，即出於保護繼承重要無形文化遺產的目的，文化遺產行政部門官員可通過行政命令方式強制該重要無形文化遺產的傳承者合理傳授其相關技藝。（王雋，2014：23～38。）韓國對於無形文化遺產項目傳承人或傳承團體的認定與退場機制也都負於法律的規定當中。

2. 嚴謹的機構設置。韓國之所以對非物質文化遺產形成了嚴密的管理，是因為它擁有一套以法律形式制定出的保護和管理體系。在韓國，非物質文化遺產最高的負責人是國家元首，在中央和地方都設置了相關的機構。在中央，文化財廳是隸屬於文化觀光部，也是韓國文化遺產保護工作的主管行政機構。韓國文化財廳的職責範圍主要包括：全面制定和修正文化遺產的相關法規制度及保護管理規劃；發佈關於特定文化遺產的保護利用及傳承管理等方面的行政命令；對國有文化遺產實施全面保護利用及治理；審查撤銷特定重要文化遺產名錄的認定；對於經營及變更文化遺產等方面的特別許可；以國家補助金等形式資助支持文化遺產的保護團體及相關實踐工作。（王雋，2014：23～38。）在韓國，管理文化遺產的真正的決策機構是文化財委員會，它屬於諮詢機構，為文化遺產的保護工作提供諮詢建議以及直接制定相關決策。文化財委員會主要由來自大學、文化團體和研究機構的專家和民間人士組成。韓國的民間社團組織在無形文化遺產的調查和研究方面也發揮了非常重要的作用。（王文靜，2011：26～32）韓國雖然由國家制定了嚴謹的文化財管理機構，但是在相關決策方面還是交負在國家政府與民界共同決議。

3. 動態式保護方法的逐步成熟。在非物質文化遺產保護方法方面，韓國也逐漸形成了較為成熟的規範體系。具體包括：（非物質文化遺產的指定和撤銷制度。根據無形文化遺產的價值與稀有度對其劃分等級並確定其持有者。文化遺產委員會需要首先對非物質文化遺產開展審查工作，然後文化遺產廳官員按照法律規定行使重要非物質文化遺產及傳承者的指定權。（王雋，2014：23～38）在確定重要非物質文化遺產傳承者時，如果在傳播授予技能或技藝方面傳承者確有相當的困難，政府部門可將該傳承人認定為名譽傳承者。傳承者或名譽傳承者的身份一經認定，便會向其發放相應的持有者認定書或名譽持有者認定書。對上述重要無形文化遺產指定之日起期滿十年之前需要再次對無形文化遺產的保存價值、稀有程度、發展狀況等進行審核，然後再予以決定是否撤銷相關指定，還是實施相關應對措施。（王雋，2014：23～38）從文化遺產項目與傳承人的認定與撤消機制當中，讓文化遺產保護的方法更加靈活，不致於讓保護產生有名無實的僵化結果。

4. 完善的獎懲機制與資金供給體系。韓國中央和地方政府十分重視對非物質文化遺產傳承人的培育和激勵，並給予極大的財力資助。根據《文化財保護法》，韓國政府把非物質文化遺產按照價值大小分為不同級別，將已確定

的具有重要價值的國家級的非物質文化遺產給予 100% 的經費保障；省、市級
的非物質文化遺產，國家給予 50% 經費保障，剩餘部分則由地區出資。對文
化傳承人的公演等活動及他們用於研究、發展技能等方面的費用，則全數由
國家補助。另外，政府為他們提供一系列醫療保障，並對他們每人每月提供
大約三萬新台幣的生活補助，以保障他們的生活。（王文靜，2011：26～32）
那些可培養出代表性傳承人的大師級人才，政府不僅定期提供薪水以鼓勵提
高技藝水準，而且還要給予額外的傳承及研究經費。為保證傳統文化後繼有
人，韓國政府還特別設立獎學金，資助那些有志於學習非物質文化遺產專案
的年輕人，稱他們為「傳授獎學生」。按照《文化財保護法實施綱要》的相關
要求，傳授獎學生必須在重要無形文化遺產傳承者或傳承組織團體處接受過
半年以上的傳授教育，而且在該領域技能技藝方面具有一定的水準，或者具
備一年以上的重要無形文化遺產相關領域的工作經歷。（苑利、顧軍，2005：
126）韓國在資金支援方面不但是王力獎勵傳承人及相關傳承團體，更重要的
國家還看見了非物質文化遺產的項目傳承，需要有傳習人的加入，並且給予
傳習人有足夠生活所需的資金與學習環境。

　　5. 民間組織廣泛宣傳與商業運作。韓國民眾的非物質文化遺產保護意識
普遍較為強烈，韓國各地都成立有相關的非遺保護民間團體。這些民間團體的
主要組成人員是民間藝人、工匠和社會熱心傳統人士等。他們聚集在一起，彼
此之間相互交流、切搓技藝、分享經驗，共同致力於非物質文化遺產的保護。
（王隽，2014：23～38。）而在民間團體當中，也支持民間企業團體加入保護
與活化的參與。韓國十分重視利用非物質文化遺產來促進旅遊的發展，同時通
過現代觀光旅遊推動非物質文化遺產的保護和發展。把民俗村等文化空間的
活動組織得有聲有色，成為很受歡迎的旅遊地。韓國還十分注重民俗節和祭祀
活動來吸引遊客。（王文靜，2011：26～32）政府的鼓勵商人們參與非物質文
化遺產商品的開發，韓國的非物質文化遺產早已商品化，並有序地納入到了商
業運轉的體系。在韓國，面具、戲裝、玩偶，有形文化財和無形文化財介紹書
刊到處都有供應和銷售，介紹宣傳非物質文化遺產的廣告隨處可見。

二、國外政府保護非物質文化遺產的啟示

　　從前一段的討論中，我們可以清楚地看到，國外政府在非物質文化遺產
保護工作方面，有很多值得我們學習和借鑒的地方。從各國非物質文化遺產

保護的歷程來看，各國政府搶救模式都是從保護非物質文化遺產開始，這是必然而明智的選擇。非物質文化遺產保護是一項規模龐大，並且需要投入大量人力、物力、財力的工作，涉及社會的各個層面，關係到全人類共同發展的系統工程。無論是政策的制定、保護制度的建立，或是政策與措施的實施都需要具有相當權威性的國家體制才能夠承擔。而且，由世界各國非物質文化遺產保護的歷程與經驗看來，只有由國家的層次出面，非物質文化遺產保護才可能見到績效和成果。

首先，為保護非物質文化遺產制定相關的法律法規，並依據這些法律法規建立完整的非物質文化遺產保護制度，從而保證非物質文化遺產的保護工作有法可依、有法必依。在此基礎上，有幾方面值得作為借鏡學習：

（一）由政府主導保護策略

首先，各國都從其國內具體的情況出發，制定了適合保護非物質文化遺產的法律法規，例如日本和韓國的《文化財保護法》。其次，擁有合理而嚴謹的組織管理體系。這些國家機構大體上可以分為中央政府的管理機構、地方政府的專門機構、各級專家諮詢機構、民間社團組織和相關研究單位等五個部分。最後，由中央政府負責主要的資金支援。例如，在韓國，國家級的非物質文化遺產 100%由中央撥款，而地方級的非物質文化遺產中央也要給予 50%的撥款。（王文靜，2011：26～32）鑒於物質文化遺產與非物質文化遺產之間的緊密關係，政府透過保護具有重大文化和歷史意義的文化遺址，保護其所蘊涵的非物質文化遺產。這些遺址包括傳統建築、活動場所等，鑒於非物質文化遺產的民間性、活態性，以及組織的鬆散性，政府對這類文化遺址、場所所肩負的重要職責就顯得更為突出。

（二）建立學者專家的決策機制

在上述各非物質文化遺產保護國家中，人們將政府視為非物質文化遺產保護職能部門，而保護目標的確定、保護規劃的制定等均有各國政府的諮詢機構——專家諮詢委員會全權負責。在這些國家的相關政府機構之下，幾乎都建立有各種專門的、由專家組成的文化遺產諮詢機構。政府保護國家所有的與非物質文化遺產相關的物質文化遺產，即非物質文化遺產的物質載體，如各種文物、文化資料、音像資料等。這類文化遺產主要分佈在大學或研究機構的民族資料檔案館、國家圖書館、博物館、廣播電視檔案館等部門，政

府透過分配國家大部分的文化基金到這些文化部門，資助其進行非物質文化遺產相關資料的保護和文化設施建設。

（三）注重教育系統並確保文化傳承人的利益

國外在非物質文化遺產的保護過程中，強調關注「傳承人」。日本和韓國不僅給「人間國寶」或者「保持者」提供增強技能方面的幫助，而且給予經濟上的保障，便於他們在傳承和傳播文化的過程中無後顧之憂。同時，政府是文化教育的主要提供者。文化教育可分為普通文化教育和專業文化教育。普通文化教育是指由小學、中學、大學提供的人文學科教育，而專業文化教育則是通過專業訓練如戲劇、音樂、舞蹈等進行的文化教育。由於許多非物質文化遺產都是口語相傳、言傳身教的，如戲劇、音樂、舞蹈、手工藝等，所以非物質文化遺產傳承的脆弱性，促使政府建立保護非物質文化遺產的傳承制度。近年來，各地紛紛建立的非物質文化遺產研習所、非物質文化遺產保護基地，以及非物質文化遺產進校園活動等，都是政府為保護非物質文化遺產的傳承進行的有益探索。

（四）發揮民間組織的作用

各國政府都非常重視對非物質文化遺產的應用。除了關注傳承人的保護，各國還非常注重具有各國特色的民族民俗的保護。在韓國，保護非物質文化遺產的民間社團的發展已經非常完善，它們主要負責非物質文化遺產方面的調查、保護和研究。它包括兩類組織，一類是專家學者組成的各級學會組織，主要進行一些學術研討會。另一類是由無形文化財的傳承人組成的組織，主要就如何發展和繼承非物質文化遺產討論。（王文靜，2011：26～32）眾所周知，文化藝術事業成本高、效益低，尤其像非物質文化遺產的保護，許多前期投入幾乎沒有回報，收益更無從談起；而且在尚未建立起完善的非物質文化遺產保護體系時，難免出現不當的資金分配，或是效率不高的情況。非物質文化遺產保護本身的公益性以及經濟管理標準失當，所造成的高成本、低效率，使各個文化組織或部門無法獨立承擔非物質文化遺產的保護工作；因此，資助文化組織或部門進行非物質文化遺產的保護是政府的一項重要職能。政府作為文化組織資助者，建立了資助非物質文化遺產傳承人的制度，許多瀕臨滅絕的非物質文化遺產在政府的資助下才有一線生機，有的還可能出現蓬勃發展的趨勢。

此外，我們還注意到，在日、韓等國的文化遺產保護工作中，尤其是文化遺產的調查、研究、審查、認定以及收集、保存等一系列的工作進程中，文化人類學者和民俗學者發揮了非常重要的作用。因為他們的參與，日、韓才有可能將「無形文化財」做出完善的保存措施。這些專家還對各自國家的文化遺產，進行調查、認定和搶救工作，以及對人類學博物館的籌建工作等，做出了很大貢獻。

第二節　非物質文化遺產保護措施與政府的角色

自從二十世紀後半期開始，世界各國都非常重視非物質文化遺產在國家發展中的重要地位和作用，從各個角度展開非物質文化遺產的保護工作。政府、個人、社會群體、社會組織等在非物質文化遺產保護工作中，扮演著不同的角色。其中，政府有效的扮演角色是非物質文化遺產保護工程的關鍵所在。地方政府最貼近群眾，接近民間，是非物質文化遺產保護的指導者、引導者、組織者和規劃者。非物質文化遺產保護措施的具體實踐及其社會效果都與地方政府有著密切的關係。

在非物質文化遺產保護中，政府的角色確定是有效發揮其作用的首要環節。個人、群體、組織在社會舞臺上無論承擔何種角色都需要事先經歷一個角色確定的過程，或稱「認同」。就政府的職能而言，它承擔著多種社會角色，那麼在非物質文化遺產保護的社會組織行為活動中，政府究竟承擔著怎樣的角色及職能呢？只有明確了這一點，政府才能更好地扮演自己在非物質文化遺產保護中的角色，實現其相關社會功能。為解決以上問題，本文先對中國大陸諸多學者關於非物質文化遺產的發展現狀及保護措施的研究成果進行歸納總結，以利後文討論。

關於「非遺」的內涵以及相關概念的爬梳成為研究首要內容，也是非物質文化遺產保護實踐的前提條件。這方面研究旨在為非物質文化遺產保護實踐清除概念認識模糊的障礙，確定保護體系的可操作性。中國大陸學者向雲駒分別由廣義和狹義兩方面做出定義，他認為廣義的「非遺」除特定的口頭文化外，還應當包括人的行為文化，而狹義「非遺」則指聯合國教科文組織所希望予以保護的文化範疇。（向雲駒，2004）張春麗和李星明將「非遺」的內涵界定概括為三個方面，分別是「非物質形態」的「非遺」，如民俗活動、

表演藝術、傳統知識和技能等;「物質形態」的「非遺」,如與非物質文化遺產相關的實物、器具、工藝品等;文化場所（或文化空間）亦指為定期舉行傳統文化活動或集中展現傳統文化表現形式的場所,兼具空間性和時間性;即全面概括「非遺」的研究領域與保護範圍。（張春麗、李星明,2007）而劉玉清在列舉了「非遺」的各個具體實例後,認為「非遺」應該包括兩大類,一類是形態文化;另一類是具有鮮明民族和地域特色的行為文化,以民俗形式出現。（劉玉清,2003）又如呂建昌,廖非從歷史性角度對非物質文化遺產國際認同過程進行梳理,辨明非物質文化遺產概念及其相關問題。（呂建昌、廖非,2007）鄭柳青、陳興中以物質文化遺產與非物質文化遺產關係為主題,認為兩者相互依存、互相作用。（鄭柳青、陳興中,2009）基本上,中國學者認為對於「非遺」的概念與內涵還不是很清晰,部份學者針對其特徵、價值意義和功能上加以研究,將有助於進一步對「非遺」的瞭解。黃貞燕針對《非遺公約》對於非物質文化遺產的定義與類型的描述則指出以下特徵:（一）非物質文化遺產的第一層次是如各社區、群體或個人視為文化遺產組成部分的各種社會實踐、觀念表述、表現形式、知識、技能等之「文化表現形式」（forms of cultural expression）,第二層次是與這些文化表現形式相關的「物件」與「文化場所」（cultural space）。第二層次乃是第一層次的文化表現形式之產物、必要工具、或是活動場所,故第二層次的物件或場所不應該單獨地被視為非物質文化遺產;（二）各種社會實踐、觀念表述、表現形式、知識、技能等均不能違背人權;（三）非物質文化遺產是社群與自然及歷史互動的產物,也隨著世代與環境改變而不斷地被再創造,所以非物質文化遺產在本質上是必然會改變的,但其改變必須是出於社群因應時代與環境變化而再創造的結果;（四）非物質文化遺產的重要性在於提供社群認同感與持續感,也是保護人文化多樣性、文化生命力的關鍵;（五）非物質文化遺產被視為一種具有傳統價值的「活的遺產」（living heritage）。（黃貞燕,2008）李春霞則分析了近年來中國「非遺」保護做出的成績,他認為（一）非物質文化遺產保護的立法雛形初現;（二）「文化遺產日」活動如火如荼,成效顯著。他也指出了「非遺」的發展與保護中存在的問題:（一）對民間文化傳承人的保護力度不夠;（二）過度的建設和「保護」開發行為,對現存的非物質文化遺產造成無可挽回的損害;（三）非遺保護人才青年不接,研究民族文化的人才短缺;（四）許多地方和企業表面上熱衷於「保護」非物質文化遺產,實際上卻是以保護為名、行

旅遊開發之實；（五）法律法規建設的進程不能與非物質文化遺產保護的緊迫性相適應。（李春霞，2009）李春霞的研究一針見血地指出了目前中國大陸在非物質文化遺產方面的諸多問題。

　　非物質文化遺產的判斷標準並非僅來自歷史上的意義或價值，也必須檢視現狀，是否仍能夠提供社群做為認同感與持續感的根源。公約所提供的定義與類型只是作為各國參考，但如何詮釋則必須從非物質文化遺產所屬社群的具體實踐中來考量。現階段中國非物質文化遺產的保護工作取得了舉世矚目的成績，但所面臨的困難和處境依然嚴峻，保護與傳承之路依然艱辛，這將是中國與民族人之間都必須背負於肩的歷史使命。

　　當代世界各國政府（尤其是美國、日本、韓國等先進發達國家）積極地將非物質文化遺產保護工作融合於各國的文化創新發展策略和文化安全策略規劃中，不斷地健全保護傳承非物質文化遺產的政策法規體系及其實施機制，注重強化經費資源的投入額度，傾向營造良好非物質文化遺產保護與傳承的社會意識氛圍。在新世紀內外文化環境的影響下，各國政府不斷地提升對於非物質文化遺產保護傳承意義的認知和文化創意產業的發展策略，積極應對世界文化範疇的挑戰，以及民族文化遺產發展困境方面的考驗，在保護傳承民族優秀文化遺產、保障民族文化安全、促進傳統文化的發展，創造了系列性的可觀成果。

　　在國際力量的推動下，中國大陸對於非物質文化遺產的保護也做了相應的措施。2003 年，文化部、財政部聯合國家民委和中國文聯，開始啟動中國民族民間文化保護工程，中國大陸對非物質文化遺產的保護，從以往的專案保護，走向全國整體性保護。在 2004 年中國大陸政府加入聯合國《保護非物質文化公約》後，隨後中國全國人大教科文衛委員會將《中華人民共和國民族民間傳統文化保護法草案》名稱更改為《中華人民共和國非物質文化遺產保護法》。2005 年中國國務院辦公廳頒發《關於加強非物質文化遺產保護的工作意見》，其中一項重要舉措就是從 2006 年起，每年六月的第二個星期六為中國大陸的文化遺產日。中國國務院於 2005 年 3 月頒佈了《國家非物質文化遺產代表作申報評定暫行辦法》對非遺的定義重新做出了界定：非遺指各族族人世代相承、與群眾生活密切相關的各種傳統文化表現形式（如民俗活動、表演藝術、傳統知識和技能以及與之相關的器具、實物、手工製品等）和文化空間。從定義中可以看出，中國對非遺這一概念的界定上，表現出內涵的外

延：第一，傳承主題的中國化。中國將非遺的傳承主體表述為「各族人民」。這樣，主要體現的是由各族人民共同組成的國族主義。第二，確認方式的延伸。中國國務院根據國情，考慮到中國是一個多民族國家，各民族、各地區之間的經濟、文化發展不平衡等情況，在《國家非物質文化遺產代表作申報評定暫行辦法》中明確提出兩個評判標準：各族人民世代相承；與群眾生活密切相關。第三，內容明確化。中國把非遺表述為「傳統的文化表現形式和文化空間」，把非遺的傳承內容更具體化了。因為文化遺產這個概念十分廣泛，不容易給它一個明確的定位，傳統文化所包含的內容就相對狹窄些。因此中國把非遺概括為六大方面：（一）口頭傳統，包含作為文化載體的語言；（二）傳統表演藝術（三）民族活動、禮儀、節慶；（四）有關自然界和宇宙的民間傳統知識和實踐；（五）傳統手工藝技能（六）與上述表現形式相關的文化空間。

2005 年 6 月，中國大陸開始了第一批國家級非物質文化遺產名錄申報與評審工作。2005 年 3 月 26 日，國發〔2005〕18 號國務院辦公廳公佈《國務院辦公廳關於加強中國非物質文化遺產保護工作的意見》，各個地方對於非遺的挖掘、申報、保護工作只能以「如火如荼」來形容其積極的程度。國家非遺的代表作名錄的申報與地方分級申報的制度，也在這一背景之下，逐漸浮出、成熟。這個作法可說是「具有中國特色」的一種非遺申報制度，它保證更高一級的非遺名錄是建立在下一級名錄的基礎之上，一般意義上來說，它可以確保申報過程中的程序正義。所謂分級申報制度就是根據地方的行政建制，通過各級政府，即縣級政府首先建立非遺代表名錄，然後向市級政府申報更高一級名錄，而只有列入市級政府名錄中的非遺專案，才可以向省級政府申報非遺名錄，國家級名錄則在各省名錄的基礎上，通過申報與評審才被確立。（陳華文，2010）2006 年 6 月 10 日，中國各地歡度了第一個文化遺產日，主題是「保護文化遺產，守護精神家園。」同時政府也公佈了第一批國家級非物質文化遺產名錄。2007 年 6 月，文化部又公佈了「第一批國家級非物質文化遺產項目 226 名代表性傳承人名單」；2008 年 1 月，再度公佈了第二批傳承人的名單。這些成果充分展現了中國政府對非物質文化遺產保護工作的重視。

一、政府走向主導保護原則的因素

在中國所推行非物質文化遺產保護工作的原則是「政府主導、社會參與，

明確職責、形成合力；長遠規劃、分步實施，點面結合、講求實效。」〔註4〕
這裡想要討論的是為甚麼在推行非物質文化遺產保護工作的原則中，會產生
「政府主導」的此一特色？從政治學的角度來說，非物質文化遺產保護工作
是屬於社會中的公共事物。如亞里斯多德所言：「凡是屬於多數人的公共事物
常常是最少受人照顧的事物，人們關懷著自己的所有，而忽視公共的事物；
對於公共的一切，他至多只留心到其中對他個人多少有些相關的事物。人們
要是認為某一事物已有別人在執管，他就不再去注意了，在他自己想來，這
不是他對那一事物特別疏忽。」（亞里士多德，1996：48）關於政府介入社會
公共事務，中國大陸學者認為通常有三種情形：「包辦、不干預以及政府主導。
所謂包辦，政府實施全面干預，以一個管理者的身份來處理公共事業；所謂
不干預形式，是指政府不參與或根本沒有建立起系統化、正規化的制度體系。
在現代國家，對於公共事務除了政府無力參與管理外，一般不存在不干預的
形式。政府主導則是界於二者之間，講求『有所為、有所不為』！當然『有所
為、有所不為』就意味著有個『度』的存在，或者說有個邊界。」（牟延林、
吳安新，2008：180）不可否認的政府擁有的行政權力具有一定的擴張性和一
定的強制力，政府主導的非物質文化遺產保護工作，即是建立在政府的權力
基礎之上。而一切有權力的人都容易濫用權力，這是萬古不易的一條經驗。
有權力的人們使用權力一直到遇有界限的地方才休止。

　　Franoise Benhamou（2003）曾指出：「文化遺產或遺跡具有向下一代傳承
的價值，並且對沒有生產或保護它們的那些個人同樣會帶來利益。」也就是
說，政府搶救和保護非物質文化遺產，不僅能使珍貴的非物質文化遺產資源
本身得到更好的保護和傳承，還能惠及到社會的每個成員；不僅能豐富民眾
的精神文化生活，還能增強民族自豪感和凝聚力以及國家的文化軟實力。因
此，政府有責任、有義務保護非物質文化遺產。

　　關於什麼是責任政府，不同時期、不同學者對其有不同的理解。《布萊克
法辭典》對「責任政府」做了這樣的解釋：「在這樣一種政府體制裡，如果政
府的施政方針和公共管理政策遭到議會的反對票或者是令大多數公民不滿意
時，他們必須以離職的代價來對此行為負責。」（布賴恩‧加納編，2004：653）
李景鵬認為責任政府「關鍵在於責任心。責任政府是指一個政府能夠轉變觀

〔註4〕請參閱中國國際院辦公廳發佈的《關於加強我國非物質文化遺產保護工作的
　　　　意見》。

念，明確責任，並完善相關的責任追究制度。」（李景鵬，2003）張成福認為
「責任行政或責任政府既是現代民主政治的一種基本理念，又是一種對政府
公共行政進行民主控制的制度安排。」（張成福，2000）總的說來，責任政府
是指國家行政機關及其工作人員在行使權力的過程中，必須對社會負責，對
公民負責，必須對社會公眾的需求做出回應，並採取積極有效的措施去滿足
公眾要求的一種政府模式。

從經濟學角度來講，非物質文化遺產屬於准公共品。在經濟學上，社會
產品按照其不同的消費方式，可以分為私人品和公共品。公共品與私人品相
對，私人品是指那些具有競爭性和排他性，能夠通過市場交易達到資源優化
配置的產品；公共品則是指那些具有非競爭性和非排他性，不能依靠市場交
易實行有效配置的產品。現代經濟學首次賦予「公共品」以形式化定義，始
於 Paul Samuelson 1954 年發表於《經濟學與統計學評論》上的開創性論文《公
共支出的純理論》。公共品包括純公共品和准公共品。純公共品是指在消費上
具有完全非競爭性和非排他性的產品，是非排他性和非競爭性極端的情形，
如國防、燈塔等。Samuelson 將純公共品定義為「將該商品的效用擴展于他人
的成本為零」（保羅・薩繆爾森、威廉・諾德豪斯，1999：29），「不論個人是
否願意購買，都能使整個社會每一個成員獲益的產品」。（保羅・薩繆爾森、
威廉・諾德豪斯，1999：269）但在現實生活中，真正的純公共品並不多見，
多數公共品介於純公共品和私人品之間。薩繆爾森將私人品定義為：「可以分
割、可以供不同人消費，並且對他人沒有外部收益或成本的產品。」介於純
公共品和私人品之間的，具有公共品和私人產品的雙重屬性的公共品一般稱
之為准公共品或混合產品。如電力、自來水、公共交通、郵政、義務教育、博
物館、公園等產品和服務。

非物質文化遺產屬於准公共品的範疇，因為非物質文化遺產具備准公共
產品的主要特徵。非物質文化遺產作為一個民族的文化積澱，濃縮了歷代先
民的智慧，是人類取之不盡、用之不竭的文化財富。任何人都可以無償使用，
並從中獲益，而且增加某一個人的消費不會引起生產成本的增加，即消費人
數的增加所引起的邊際成本趨於零。所以，非物質文化遺產在很大程度上具
有非競爭性、非排他性，呈現出純公共品的基本特徵。但是，具體到某一項
非物質文化遺產，就又具有局部的競爭性與排他性。如在皇都侗文化村現場
表演的侗族舞蹈，只有在支付一定的費用，才能入場欣賞，而且當劇場位置

座滿時，對其他社會成員就會產生排他性。再如某地的民間風俗，本來是不具有競爭性、排他性的民間活動，一旦被人為地搬上舞臺，也就具有了排他性。由此可見，非物質文化遺產具備准公共品的主要特徵，屬於准公共品的範疇。那麼相應的，非物質文化遺產的保護也應當遵循公共品、准公共品供給的客觀規律。

准公共品兼備公共品和私人品的性質，不言而喻，可以採取公共提供方式，也可以採取混合提供方式。但是，無論如何，准公共品依然是一種以國家政府為主要的提供方式。據此，我們也可以得出結論，國家搶救模式是保護非物質文化遺產的一種基本模式。

非物質文化遺產保護是一項規模龐大的任務，它需要投入大量人力、物力、財力，關係到全人類共同發展的系統工程。無論是政策的制定、保護制度的建立，還是政策、措施的實施都需要具有相當權威性的國家承擔。而且，世界各國非物質文化遺產保護的歷程中，正是在國家主導的社會公共領域對非物質文化遺產保護的價值觀得到了普遍的文化認同，代表性項目的儀式及手工藝得到了保留和延續。在日韓兩國民眾的日常生活中，許多非物質文化傳統已經消失，但源自非物質文化傳統生存精神和文化情感的認同卻一直自覺地保留並延續了下來。

所以中國政府認為，非物質文化遺產保護的政府搶救模式是有效率的，是一種效率選擇的結果。換句話說，國家政府應付起滿足社會需要、向社會提供公共品中的責任，所以，政府有能力在非物質文化遺產保護中發揮主導作用，並且要證明國家搶救模式是一種確實有效保護的基本模式。

二、政府在保護工作中的主導性角色與功能

保護非物質文化遺產是為公共文化服務，公共文化服務一般由政府主導。中國大陸主要表現為開展普查、建檔、研究、保存、傳承、弘揚等，以及為實現這些保護行為而提供的財政、行政、技術等措施。政府的行政立法、行政檢查、行政指導等行政行為，在遺產保護的事務中具有主導的性質。

在非物質文化遺產保護過程中，存在著諸如民眾的民族自覺性不高、宣傳教育工作沒有得到有效開展、投入資金不足、不合理的開發利用等問題。因此，政府有責任透過使用政策法規，運用經濟、行政、法律方式去保護中國珍貴的非物質文化遺產。

　　從 2005 年確定了「非物質文化遺產」這一名稱和「保護為主、搶救第一、合理利用、傳承發展」的保護方針，政府一直在探索積極的保護模式，旨在逐步建立比較完備的、有中國特色的非物質文化遺產保護制度，保護瀕臨消失的非物質文化遺產。地方政府在非物質文化遺產保護中是處於主導性的地位，在此需要掌握有關保護和促進非物質文化遺產傳承職責，既不可袖手旁觀，也不可超出自己業務範圍去處理與本職責無關的事，政府在非物質文化遺產保護中主要有以下幾種角色與職能。

（一）建立基本制度和政策制定者

　　非物質文化遺產保護的主體體系主要由政府、非政府組織以及公民個人等組成，其中政府是這一主體體系的基本構成。2003 年中國民族民間文化保護工程國家中心在中國藝術研究院正式掛牌成立，2006 年 9 月 4 日更名為中國非物質文化遺產保護中心。該中心承擔全國非物質文化遺產保護的有關具體工作，履行非物質文化遺產保護工作的政策咨詢；組織全國範圍普查和全面保護工作的開展；指導保護計劃的實施；進行非物質文化遺產保護的理論研究；舉辦學術、展覽（演）及公益活動，交流、宣傳保護工作的成果和經驗；組織實施研究成果的發表和人才培訓等工作職能。非物質文化遺產有著自己的特點與保護原則，這對其保護主體體系的構成提出了獨特的要求，並對之進行著有效的整合。也就是說，政府有能力依靠自身的政治動員力量，調動有利的行政資源、學術資源、媒體資源等優勢資源，對非物質文化遺產進行充分的調查、論證，對其保護提出全面、綜合的意見。另一方面，政府作為非物質文化遺產圈外的推動者，對非物質文化遺產的保護應該堅持最小干預原則，但這並不意味著政府對非物質文化遺產不作為，而是政府要做好守夜人的角色。為非物質文化遺產的保護制定相關的法律、法規，使非物質文化遺產保護做到有法可依、有法可循。（易文君，2010）是故，在社會治理主體體系中，政府是最基本的治理主體，與其他治理主體相比較，政府是同輩中的長者。這種長者地位主要通過政府在社會治理中所發揮的獨特功能來彰顯。在非物質文化遺產保護過程中，政府是最基本的保護主體，並主要通過提供科學合理的保護政策、健全的保護組織機構、相對完善的法律法規體系、充足的資金保障與健全的基金運作體制等來實現對非物質文化遺產的保護。地方政府要能保證國家關於非物質文化遺產的保護政策落到實處，並且得到有效的執行；其次還應該在中國大陸法律法規的許可範圍內，積極有效的根

據地方非物質文化遺產保護的實際情況，從對非物質文化遺產保護活動的「主導」逐步向「引導」過渡。在對非物質文化遺產的自覺保護意識還沒有形成的前提下，加強法制建設，對非物質文化遺產的保護顯得特別重要。以因勢利導，來激發群眾的民族文化熱情，鞏固與加強民族文化的自主機制，促使民族藝術由內向外持久地煥發生命活力。通過以尊重民間文化傳承主體的主導地位，為文化遺產的創新發展營造寬鬆環境，來創造針對性比較強的地方性的保護政策。

（二）樹立法制規範明確政府角色

在立法層面，有必要通過專責部門法規對非物質文化遺產進行對口保護，對政府的職能、職責、組織機構、資金保證以及保護的策略與方法等多個方面進行詳盡的規定，為政府的效能提供法律上的支持。在這方面，日本的經驗值得借鑒。日本早在 1950 年已經頒佈了《文化財保護法》，把「無形文化財」列入保護的行列，對政府保護機構的設置、中央與地方協作保護的行政運作體制以及制度修訂等諸多方面進行了相應規定。以中國大陸的情況來說，首先要對國務院權力加以限定；中國國務院作為公共權力和公共資源的最大佔有者，需要法律對其行為進行約束。根據中國國務院辦公廳頒佈的《關於加強我國非物質文化遺產保護工作的意見》，國務院文化主管部門應當組織專家評審小組和專家評審委員會，對推薦或者建議列入國家級非物質文化遺產代表性項目名錄的非物質文化遺產項目進行初評和審議。（中國藝術研究院中國民族民間文化保護工程國家中心，2005：173）任何一個政府都想無拘無束，都想擁有廣泛的裁量權。（劉魁立，2007）中國國務院要想明確自己的角色，首先要樹立有限國務院政府的理念，即必須給國務院權力劃定一定的界限。權力的本源在於人民，權力來自於人民權利的讓渡，行使權力必須對人民負責。也就是說，責任是權力的最基本的界限；一個極其簡單的概念就是權與責的對應。政府權力最終是通過政府人來具體行使落實的，我們必須回歸一個觀念就是政府也是由個體的自然人所組成，正如盧梭所言，「政府中的每個成員都首先是他自己本人，然後才是行政官，再然後才是公民。」（盧梭，1982：83）人的本性使然，政府權力在行使過程中，不可避免地具有一定程度的私人性，可能受到個體自然人成本收益的考量與便宜行事態度的影響。在非物質文化遺產的保護中，政府是保護的責任主體，由於行政權力的集中性和膨脹性，加上便宜行事態度的影響，個人可以通過權位職能這一合法手段在非

物質文化遺產的保護中獲得私利。因此，政府要明確自己的角色，首先要通過立法來強化政府角色，政府職能，使政府做得到有法可依，有法可循，執法必嚴和違法必究。（易文君，2010）責任制度是抑制權力的任性和張力，把權力的行使限制在一定的範圍之內，使權力不越界，也是為現時存在的體系提供量定原則，衡量行為人在多大程度上背離了為維持秩序所要求的尺度，責任還意味著防止不法行為擾亂法律上保障的使忠誠公民確證的一種合法性的期待。透過設定責任來限制權力、消除失望。責任設計的一個基本原則，即是賦予權力行使者多大的權力就要負起相應的責任。

（三）確保相關資金的投入機制管理

面對眾多急需要保護的非物質文化遺產專案，要想保證充足穩定的資金支援並不是一件很容易的事，在此必須積極有效地實施相關對策，調動一切合法、合理來源的資金，而且還需要做好長期的資金規劃。除了接受有關來自於中央政府財政劃撥和地方政府財政劃撥的部分，還需要積極有效地尋找其他的資金來源，包括商業性組織以及公益性社會組織的資助，其次包括近年來逐漸發展起來的相關物質文化遺產保護相關的民間基金。非物質文化遺產不僅具有重要的文化價值和社會價值，而且還蘊藏著巨大的市場價值。從經濟效益的角度，要鼓勵文化主體自覺保護民族傳統，必須有相關企業的介入，將非物質文化遺產變為旅遊資源，以實現市場價值。企業合作的優勢在於按照市場經濟發展規律處理，企業擁有雄厚的財務實力和市場技術支援，更主要的是企業懂得如何開發和經營。將非物質文化遺產加入產業化，有助於為一些具有潛在經濟價值的非物質文化遺產專案提供自我保護、自我發展的可能性，但是對商業價值較低的非遺項目則會形成邊緣化。而且，在追求利潤的過程中，因過度關注非遺的經濟價值而忽略其精神內涵，使其逐漸被商業化、庸俗化，最終淪為一種文化符號，而違背了保護的初衷，對非物質文化遺產造成嚴重的破壞。而這些弊端是市場沒有辦法解決的，需要政府來加強對它的監督和管理。（易文君，2010）換言之，市場有其一定的篩選機制，受到市場青睞的非遺項目可能有機會存活，未受到市場青睞的部份則可能走向衰亡；然而即使如此，受到市場青睞的項目，經過一定程度的創新設計，究竟偏離其本質到什麼程度，還能夠被接受其仍為「遺產」？（張駿逸，2009）然而，就一根本，仍應透過不斷完善企業投入非物質文化遺產保護的管理體制，從本質上避免由於產業開發方面未盡到保護的觀念不足和不當行為等，

而導致出相關非物質文化遺產傳承遭到的破壞等現象發生。

（四）加強推廣社會群眾共同參與保護

中國國務院政府雖然是非物質文化遺產保護的主導者，但是單靠政府對非物質文化遺產進行保護是遠遠不夠的。《關於加強我國非物質文化遺產保護工作的意見》中國的非物質文化遺產保護工作將由文化部門主管上升為政府主導，建立非物質文化遺產保護工作部際聯席會議制度。《意見》決定：由文化部牽頭，建立中國非物質文化遺產保護工作部際聯席會議制度，統一協調非物質文化遺產保護工作。文化行政部門與各相關部門要積極配合，形成合力。同時，廣泛吸納有關學術研究機構、大專院校、企事業單位、社會團體等各方面力量共同開展非物質文化遺產保護工作。充分發揮專家的作用，建立非物質文化遺產保護的專家咨詢機制和檢查監督制度。（中國藝術研究院中國民族民間文化保護工程國家中心，2005：173）中國國務院政府在非物質文化遺產的保護中承擔著宣傳、教育、協調的角色。正如 2002 年《伊斯坦布爾宣言》中指出的，政府有必要採取堅決行動來保護非物質文化遺產得以表現和傳播的環境。〔註5〕韓國作為非物質文化遺產的保護先進國，在國內掀起了保護非物質文化遺產的全民運動，韓國政府不但在各地設立了各種保護團體，對符合一定規定的團體給予資金上的資助，例如專門設立了傳授獎學金，鼓勵年輕人學習傳統的技藝。這些措施使非物質文化遺產的理念在韓國得到迅速的傳播，為非物質文化遺產提供了良好的保護氛圍。這一成功經驗告訴我們，政府部門作為各方力量的組織者、整合者，是文化遺產保護工程的指揮者、實施者，要注重資源整合，避免重複消耗，充份發揮專業學者、商界同仁、新聞媒體、民間的作用，讓他們積極參與文化遺產的保護工作，利用自己的優勢，來幫助與推動民間社會對非物質文化遺產的自主傳承。政府在對非物質文化遺產的保護中，透過培養群眾的文化自覺、鼓勵社會參與，透過提供一個良好的制度環境和激勵機制，來實現社會參與，是政府的重要角色。學者在保護非物質文化遺產中，是重要的參與力量，在發揮政府主導作用的同時也不可忽視專家學者的指導作用，以對保護非物質文化遺產工作的開展提供富有理論性的方針。在保護過程中，需要學者研究如何指導民眾更有效

〔註5〕聯合國教科文組織，2003。〈保護非物質文化遺產公約〉。檢視日期：2012 年 7 月 1 日，http://www.chinaich.com.cn/class11_detail.asp?id=91。

地保護自身所擁有的文化遺產，培育自己的主動保護意識，特別是在轉型化社會中，許多人，尤其是年輕人，對諸多傳統文化不再重視，反而對西方的節日、餐飲等外來文化一味追求。試圖改變這種現狀，僅就政府的政策並無法奏效，需要專家學者的指導與教育和培訓，如此方能促使非物質文化遺產保護工作的順利進行和良性發展。

（五）構建合理機制，通過合作治理，監督完善

政府具有自身的內部性，因此在非物質文化遺產保護中的自由裁量權的模糊，需要建立相應的問責機制和監督機制。政府要明確自己的保護責任主體地位，還要樹立合作治理的執政理念，堅持整體性保護原則。對非物質文化遺產實行合作治理，主要是由非物質文化遺產自身生存、傳承的特點決定的。政府只有在廣泛吸納社會團體、群眾、學術研究機構、企業單位等各種力量共同參與非物質文化遺產的保護，才能更好的完善、實現自己的主體地位，另外，非文化遺產的傳承主體最終是群眾，因此，政府在非物質文化遺產的保護中，最主要的還是扮演推動者的角色，所以要重視宣傳，以多種形式開展相關的非物質文化遺產的保護宣傳，培養群眾的文化自覺。這些職能的實施，需要政府樹立合作治理的理念。（易文君，2010）政府作為非物質文化遺產保護主體體系的主導者，其角色扮演的成功與否對保護成果有著至關重要的影響。把握政府在非物質文化遺產保護中的角色，亦即分析非物質文化遺產保護中政府的有限性與有效性。非物質文化遺產保護中的有限政府角色主要表現在：對政府權力與職能範疇進行合理限定，實現政府與公民社會的合作治理保護，建構相應的問責與回饋機制。現代法治國家要求政府依法行政，在非物質文化遺產的保護中，前已述及既要經過民主程序和相關法律，依法賦予政府相應的管理職權和職責，又要對政府權力進行合理的界定，對政府違法行為的進行法律規制，使政府行為既合理又合法。因此，需要規範政府的反饋和問責機制。政府雖然是非物質文化遺產保護的中介者，但是更需要社會團體、群眾以及專業人士對政府保護行為的監督，將政府保護行為透明化、公開化，以確保政府落實保護職能。中國設立行政處罰聽證的目的，就是在防止地方政府在執行行政權時被不當的濫用，以確保處罰的事實認定。從法制史的角度看，聽證最初是以司法權運作模式出現的，源自於英國普通法中自然公正原則之一。在非物質文化遺產的保護中，利害關係人可以申請

啟動聽證程序，可以進行質證〔註6〕和辯論，陳述自己的意見。在對破壞非物質文化遺產的行為給予行政處罰中，要遵循立案、調查取證、告知當事人、舉行聽證、作出決定、製作決定書、送達等程序。尤其是涉及到行政相對人重大利益的行政處罰行為，當事人依法提出申請的，行政機關必須舉行聽證程式，否則，有權機關可以依法確認行政處罰行為違反法定程序。

三、地方政府多元模式的保護措施

（一）通過引導商業組織來參與保護非物質文化遺產

目前，通道侗族自治縣侗族文化保護和發展中所遇到的最頭痛、最現實的問題就是經費不足，這也是各地普遍存在的現象，所以急需引導商業組織參與活化保護。目前縣級財政，尤其是所謂的「老、少、邊、窮」地區都比較困難，對保護民族文化心有餘而力不足。以通道縣的情況來看，縣文化館場地狹小、所有文物自然沒有館舍空間加以妥善典藏。在有任務卻沒有經費辦理的情況下，對於落實一些民族文化生態保護措施顯然是無法做到的，對文物的搶救也無法落實。在非物質文化遺產不僅具有重要的歷史、文化與社會價值，若加以創意加值，其所具備經濟價值可能更高的觀念下；政府很容易將非物質文化遺產的市場化作為當前保護工作中較為有效的一個手段。在保證非物質文化遺產活態性的同時，市場化所帶來的經濟利益能緩和保護過程中政府財力不足的壓力，更可能帶動承載者展演、傳承非物質文化遺產的積極性。地方的經費補助應成為民族文化保護和發展的主要支撐力。目前大陸政府盡可能加大保護資金的投入，並引導有使命感的商業組織積極參與。近年來，通道縣堅持政府支持和社會資助相結合的原則，充分發揮市場機制的作用，構建「政府為主、企業為輔、社會參與」的社會化傳統文化保護模式，有效拓寬傳統文化保護資金的投入管道。並提出拓寬傳統文化保護資金管道的加強保護工作項目。其一，加強經費保障。將傳統文化保護專項資金列入財政預算，隨財政收入的增長而不斷增長。同時，加強對專項資金使用情況的管理，確保有限的資金用在刀刃上。各級各部門要設法安排資金，保障必要的文物保護單位、物質文化遺產及非物質文化遺產的保護經費。其二，拓寬融資管道。加強文化產業招商引資工作力度，讓文化軟實力轉化為經濟效

〔註6〕聽證質證是在聽證主持人主持下就事實證據展開質疑、責問、反駁、辯解的活動，主持人、調查人、當事人應當遵守相應規定。

益，使社會資本對傳統文化保護的投入能取得合理回報。同時探討設立通道縣傳統文化保護發展基金的可能性，為推動傳統文化社會保護邁出新步伐。其三，鼓勵社會參與。調動社會團體、企業和個人參與傳統文化保護的積極性，動員社會上有號召力的人物鼓勵群眾積極捐資，完善社會投入籌資模式。從以上三項的工作要求項目可以看到，通道縣政府在非物質文化遺產保護事項中，建立了具有的規劃、決策、資金支持和監督等方面「社會參與」的市場化開發。〔註7〕

這是一般規劃經濟建設的基本態度，重視對民族傳統文化的搶救和保護，將民族文化保護經費列入當年地方財政預算；在縣級政府置定一定額度的民族發展資金，設立民族文化活動用品生產的專項扶持資金，推廣民族文化活動用品生產產業的發展；同時，通道縣政府將一定數量的民族文化活動納入每年縣政府為扶持民間傳統文化活動的專案計畫，由政府投入一定經費，對一些瀕危的民族技藝進行扶持；對於一些有特色、有影響、有經濟效益的民族文化活動，採取招、投標的形式，並鼓勵民間資本、民營資本參與投入；將民族文化與企業文化有計劃的結合起來，企業冠名，廣納多種可取的方式，吸引社會資金參與非物質文化遺產保護與活化的活動。

此外，通道縣為了更加弘揚侗族傳統文化，近年也集合學者專家進行許多會議以及研討會，主要探討如何充分發揮本地民族文化、生態環境優勢，透過發展觀光旅遊，有效促進侗族地區的跨越式發展。通道縣為了達到「生態立縣，旅遊興縣」的目標，大力開發侗錦產業，打造特色旅遊文化品牌。部分學者認為旅遊化的政策可以從韓國經驗中可以得到一些啟示借鏡：

韓國的物質文化遺產和非物質文化遺產是國家發展旅遊業的重要資源。韓國十分注重以民俗節和祭祀活動來吸引國內和國際遊客。民俗村便是商業開發民俗展演的成功典型。在漢城城南的古代民俗村，遊客可以看到李朝時期先民們的衣食住行、建築景觀和祭祀活動等古代民俗。但是隨著韓國非物質文化遺產的商業開發，非物質文化遺產淪為商品化的現象也越來越嚴重。出於對利益的追求，韓國的非物質文化遺產被商業機構大規模開發而逐一演

〔註7〕工作項目是由通道縣人民政府楊長青副縣長所提出有關「在加強侗族傳統文化保護中提高縣城經濟發展軟實力」報告內容，詳細內容請參閱「紅網>論道湖南頻道」，檢視日期：2014 年 6 月 8 日，http://ldhn.rednet.cn/c/2014/04/21/3329205.htm。

變為商品。（李曉秋、齊愛民，2007）隨著通道縣侗族旅遊市場的繁榮，侗族織錦的開發符合現代審美特徵的旅遊紀念品已經十多年了，其產品開拓從傳統的被面向旅遊紀念品，工藝裝飾品，各種壁飾、壁掛，生活用品及現代時裝行業的方向發展並對侗錦進行研究與嘗試，逐漸擴大侗錦的產業化。先用發展的眼光開發具有民族風格和時代特徵的工藝旅遊產品，再從保護的角度看待侗錦傳統織造技藝文化資源的開發。迎合現代人精神需求的同時，也能將侗錦文化加以傳承，並展現侗族的傳統文化與通道縣的地方特色。

　　部分學者也有持著不同的看法，他們認為：「我們搞文化遺產保護的人最怕聽到的兩個詞就是打造和開發……」〔註8〕正如以上所述，侗族非物質文化遺產保護活化工作正面臨著潛在不當開發的巨大威脅。在進行現代化建設的同時，不得不十分謹慎地重新審視各種形式的「打造」、「開發」與文化遺產特別是非遺保護之間的關係。韓國非物質文化遺產保護一個最大的特色，也是備受爭議的部分，就是把傳統非物質文化遺產成功地產業化。無可否認，透過商業的運作，短期間內確實會促進對非物質文化遺產的保護作用，但是最後也容易淪為「非遺搭台、經濟唱戲」；過度的商業開發，對非物質文化遺產項目來說，是名為保護，實則破壞。但是合理的商業開發也是一條可行的途徑，關鍵是看如何掌握其程度，換句話說是看政府如何合理引導，有序發展。《國務院辦公廳關於加強中國非物質文化遺產保護工作的意見》（國辦發〔2005〕18 號）明確指出：「正確處理保護和利用的關係，堅持非遺保護的真實性和整體性，在有效保護的前提下合理利用，防止對非遺的誤解、歪曲和濫用。」〔註9〕（中國藝術研究院中國民族民間文化保護工程國家中心，2005：174）

　　近幾年中國大陸許多地方的非物質文化遺產保護工作由於遭遇了不正確的商業運作模式，從而開始出現「偽民俗」、「偽遺產」的尷尬情況發生，因此相關的文化遺產也受到相當嚴重的蠶食。但是，縱觀中國大陸非物質文化遺產的保護歷程，有些民族地區相關商業性組織所做出積極有效的貢獻還是不可否認的。特別是有關特色旅遊文化的開發以及商品化的市場運作、還包括

〔註8〕2014 年 4 月 16 日中國侗族文學學會於通道縣雙江鎮主辦的「民族文化與旅遊論壇」，會中學者對於侗族非物質文化遺產融入旅遊產業的多項討論〈關於通道縣「非遺」保護與旅旅開發的幾點思考〉議程發言稿，未出版。

〔註9〕請參閱《國務院辦公廳關於加強我國非物質文化遺產保護工作的意見》，檢視日期：2013 年 8 月 8 日，http://www.gov.cn/zwgk/2005-08/15/content_21681.htm。

影視作品的開發等一些比較成功的保護模式，還是可以值得肯定的。因此，地方政府需要以保護非物質文化遺產來作為基礎條件，而且不要以盲目地在追求經濟利益為前提，正確引導和爭取社會上相關的商業組織來參與非物質文化遺產的保護。並且需要與商業組織在保護理念上達成共識，進而選擇適合商業化運作的非物質文化遺產項目，探索出適當的商業運作模式。

（二）動員當地群眾參與非物質文化遺產保護

侗族由於長期形成的風俗習慣、審美、價值等方面比較接近非物質文化遺產的保護工作，因此也比較容易形成對非物質文化遺產的文化認同感，從而得以有效地順利開展非物質文化遺產的保護工作，以及帶來最佳的效果。近年來，通道縣政府積極引導縣內侗族參與保護非物質文化遺產的相關工作項目，普及非物質文化遺產的保護理念，營造出一種全民動員的氛圍和環境等；亦即在舉辦的各項活動中，民眾是主體，特別注重引導各鄉鎮侗族村寨的居民。因為文化原本就產自於村寨，也傳承於村寨，非物質文化遺產作為侗族文化的一個重要組成部分，它也是源自於村寨的。湘黔桂三省區有很多侗族地方的非物質文化遺產，都是由在地的侗族民眾經過長期的生產活動以及實踐中逐漸積累沉澱出來的。縣政府在開展有關非物質文化遺產的保護工作時，相對地比較注重而且是採取引導式的邀約當地的侗族來參與保護工作。運用有效地引導當地人民參與保護工作，讓為他們長期地固本培元，這也是有效地將非物質文化遺產的保護工作推廣到更廣闊的社會層面上，吸引全球對侗族非物質文化遺產的重新認識與保護的重要策略。

1. 建立文化生態保護實驗區

中國政策中的《國家「十一五」時期文化發展規劃綱要》提出要「確定10個國家級民族民間文化生態保護區」。經文化部同意建立，由於目前仍處試驗性階段，暫時定為「文化生態保護實驗區」，等待日後條件成熟時正式命名為「文化生態保護區」。2007 年 6 月以來，文化部先後設立了閩南文化、徽州文化、熱貢文化、羌族文化、客家文化（梅州）、武陵山區（湘西）土家族苗族文化、海洋漁文化（象山）、晉中文化等 8 個國家級文化生態保護實驗區。各省、市、自治區也籌建和評定地方性的生態保護實驗區。通道縣在此一背景之下，為了讓更多的侗族參與保護非物質文化遺產，成立呀羅耶侗錦織藝發展有限公司，侗錦生產基地逐漸遍及到縣內三四個鄉鎮的侗族村寨，在 2011 年時被國家文化部授予首批「國家級非物質文化遺產生產性保

護示範基地」。2013 年 4 月份通道縣成功申報湖南省可持續發展試驗區以來，圍繞民俗生態旅遊這一主線，編制了《通道侗族自治縣可持續發展實驗區建設總體規劃（2013～2016）》，建設從發展民俗生態旅遊產業、民俗文化保護與開發等六個方面擬定 36 個可持續發展實驗區優先示範工程項目。其中就把非物質文化遺產（侗錦）創意設計與開發平臺建設專案，納入 36 個優先示範工程項目之中。這項建立文化生態保護實驗區的保護模式在法國的經驗中可以得到啟示。目前，法國有 1.8 萬多個文化協會共同進行保護和展示歷史文化遺產。全法國已劃定了 91 個歷史文化遺產保護區，保護區內的歷史文化遺產達 4 萬多處，有 80 萬居民生活在其中。現在大約有 20 多個城市正在向法國政府申請在市內確立歷史文化遺產保護區，法國政府每年批准 2～3 個保護區。歷史文化遺產保護區的確立並不意味著將其封閉保護，歷史文化遺產是沒有必要藏身於世外桃源的。法國政府採取讓歷史文化遺產保護區敞開大門，使之成為人們瞭解民族歷史與文化的視窗。文化生態保護區是指在一個特定的區域中，通過採取有效的保護措施，修復一個非物質文化遺產和與之相關的物質文化遺產互相依存，與人們的生活生產緊密相關，並與自然環境、經濟環境、社會環境和諧共處的生態環境。（李樹文等，2011：56）從上述的法國經驗，比對湘黔桂三省區的侗族案例中也可以得知，這種劃定文化生態保護區，將民族民間文化遺產原狀地保存在其所屬的區域及環境中，使之成為「活文化」，侗族文化生態實驗區的確是一種適合保護侗族非物質文化遺產的有效方式之一。

2. 舉辦文化遺產日

「文化遺產日」是法國人的首創。法國政府採取讓歷史文化遺產保護區敞開大門，使之成為人們瞭解民族歷史與文化的視窗。「文化遺產日」的前幾天，法國文化部和各省的文化機構都會向公眾推薦參觀名錄，全國的參觀點達 1 萬多個。「文化遺產日」那天，人們扶老攜幼，舉家出動，朝聖般地參觀珍貴的歷史文化遺產，增強了法國民眾保護歷史文化遺產的意識。法國設立的「文化遺產日」不僅對法國，而且對整個歐洲社會加強歷史文化遺產和非物質文化遺產的保護工作產生了很大的影響。中國國務院在 2006 年發下《關於加強非物質文化遺產保護工作的通知》，要求進一步加強文化遺產保護，確定了每年 6 月第二個週六為「文化遺產日」。到目前為止，已成功地舉行了九個「文化遺產日」。每屆文化日的主題，文化部都會進行充分準備，展示豐富

多彩的文化遺產。例如：第二屆非遺日文化部主辦、中國藝術研究院承辦的
「中國非物質文化遺產保護論壇」國際會議，圍繞非物質文化遺產的基本理
論建設、價值評判、保護經驗與問題、與當代社會發展、法制建設五個議題
開展交流；在民族宮劇院舉行「中國文化遺產日專場晚會」；「和鳴——古琴
藝術進大學」在北京高校演出；「中國戲曲藝劇種保護展」在中國藝術研究院
展覽館開幕；發佈文化遺產《青少年宣言》；開通「中國非物質文化遺產網·
中國非物質文化遺產數字博物館」等等。第三屆「文化遺產日」的主題結合
北京奧運會，利用北京市的各類公園、博物館、故居、圖書館等公共文化活
動場所舉辦全國各地各民族文化遺產展覽、展演、講座等活動，並免費開放
部分博物館和文物保護單位，充分表達中國文化的博大精深和北京奧運會「人
文奧運」的主題。王文章先生指出「以國家文化遺產日的確立為標誌，中國
非遺保護已進入全面的、整體性的發展階段」。（王文章，2006：223）2011 年
6 月 11 日是「世界文化遺產日」，是在中國大陸進入「文化遺產日」的第六
年，也是中國《非物質文化遺產法》正式頒佈以來的第一個文化遺產日。當
天通道縣在商貿廣場舉行第六個世界文化遺產日宣傳活動，當年非物質文化
活動的主題為「文化遺產與美好生活」。活動主要包括遊行宣傳、廣場文藝演
出、文化遺產圖片展、全民讀書等四個主題。文化活動主要展示通道縣的文
化遺產，並彰顯民族文化的巨大魅力，加強宣傳通道縣文化遺產的挖掘和保
護作用。透過設立全民的文化遺產日，通道縣政府擴大非物質文化遺產保護
的宣傳，主要喚起通道縣民眾的關注，讓更多的侗族共同享受非物質文化遺
產保護的成果，並結合更多侗族族人的力量共同保護非物質文化遺產。從非
物質文化遺產保護工作的長遠發展來說，這是一個由「量變」到「質變」的過
程，透過對族人的推廣宣傳，非物質文化遺產保護在通道縣應是侗族未來文
化活動中扮演著重要的基本意識。

（三）重視宣傳、以展示交流中加強保護的成果

有關中國大陸的新聞媒體在非物質文化遺產保護方面的具體實施過程中
佔據著非常重要的地位。《中華人民共和國非物質文化遺產法》第三十四條中
有規定「新聞媒體應當開展非物質文化遺產代表性項目的宣傳，普及非物質
文化遺產知識」。透過媒體的有效傳播功能可以有助於打破有關非物質文化遺
產傳承的地域性限制等問題。透過媒體來普及非物質文化遺產保護的理念，
以宣傳非物質文化遺產的相關知識帶給社會大眾對非物質文化遺產保護的認

識，同時還可以使更多民眾瞭解到本地區以及其他地區的非物質文化遺產的綜合情況，最終為非物質文化遺產保護與傳承創造更多的機會和可能。

　　目前專題博物館、民俗博物館和傳習所建設形勢良好，中國各省（區、市）共建立 424 座非物質文化遺產博物館、96 間展廳、179 座民俗博物館、1,216 間傳習所。「中國成都國際非物質文化遺產節」〔註 10〕，就是展示和保護人類非物質文化遺產為主題的高規格國際文化盛會，定點在四川省成都，每兩年舉行一次。例如：第一屆於 2007 年 5 月 23 日至 6 月 10 日舉行「中國國際非物質文化遺產節」以「傳承民族文化，溝通人類文明，共建和諧世界」為主題，開幕當天以天府大巡遊上展示了民族文化的魅力，包括鼓震神州、舞動蓉城、風情五洲和龍騰盛世四個大項，巡遊隊伍來自亞非歐美的 21 支民俗表演隊伍和中國 32 支表演隊包括少林功夫、川江號子、川劇集錦、蘭州太平鼓、吉林延邊朝鮮族長鼓舞、韓國、俄羅斯民間歌舞、非洲民族風情音樂舞蹈、巴西森巴舞等等等，展現出多姿多彩的非遺魅力。同時，還在成都兩河森林公園舉辦了非物質文化遺產博覽會集中展示了 1,112 個非遺項目。博覽會上不但有圖片、文字和實物展示還有 236 個項目的傳承人到現場進行展演。此外，中國的非物質文化遺產還到國外展出，2007 年 4 月 16 日中國文化部主辦、中國藝術研究院和中國非物質文化遺產保護中心承辦的「中國非物質文化遺產節」在巴黎聯合國教科文組織總部開幕，分為主題展覽和專場演出。由 337 幅精美圖片組成的 120 餘塊展板和 80 餘件珍貴實物，以及唐卡、雲錦和剪紙藝術的現場製作，展示了中國大江南北的非物質文化遺產寶藏；而昆曲摺子戲、古琴藝術、新疆維吾爾木卡姆藝術等，給觀眾帶來一場高品位的藝術盛宴。透過這些大型的展覽、交流活動，將中國非物質文化遺產的價值和意義呈現出來，同時，增強社會大眾的保護意識。

　　通道侗族自治縣的歐瑞凡與侗錦傳承人栗田梅在縣城和村寨開辦了博物館、傳習所以及工作坊。近年受到許多的社會關注，在上海世界博覽會、深圳文博會和全國非物質文化遺產展覽等系列活動，都能看到侗錦產品的展示和隨行的侗族歌舞藝術團的展演。為了使有千餘年歷史的古老侗錦織造技藝

〔註 10〕中國成都國際非物質文化遺產節是繼中國北京國際音樂節、中國上海國際藝術節、中國吳橋國際雜技節後，中國國務院正式批准的第四個國家級國際性文化節會活動品牌，是國際社會首先以推動人類非物質文化遺產保護事業為宗旨的大型文化節會活動。

發揚光大，通道縣堅持「保護為主，搶救第一，合理利用，傳承發展」的原則，秉承「政府引導，市場主導」的理念，在 2009 年，成立了通道呀羅耶侗錦織藝發展有限公司，公司以「公司+基地+農戶」的經營模式，先後建立了侗錦生產基地、湖南侗錦博物館、侗錦傳習所、侗錦坊、亞哇帕哇侗錦藝術團等。一系列侗錦產品通過參加上海世界博覽會、全國家紡博覽會、全國非物質文化遺產成果大展、中國文博會和韓國首爾家紡博覽會等活動的展示展演和演出，侗錦走進了國內外市場，獲得了廣大消費者的青睞。通過侗錦產業的開發，使瀕臨失傳的侗錦織造技藝得到了保護、傳承和發展。2011 年如同前面所說的，呀羅耶侗錦織藝發展有限公司生產基地被評為國家文化部授予首批「國家級非物質文化遺產生產性保護示範基地」。

2014 年 6 月 15 日「中國成都國際非物質文化遺產節」，通道侗錦織造技藝是代表湘黔桂三省區侗族地區數十個國家級非遺產品中唯一參展的項目。侗錦作為侗族服飾文化的標誌符號，在「非物質文化遺產節」參展的第一天就吸引大眾的目光，當天有 5,000 餘名觀眾駐足通道展區觀賞、購買侗錦，通道展區成為人氣最為旺的展區之一；然而重點並不是現場的這 5,000 餘名參觀者，而是透過媒體傳播與宣揚所帶來的更大效益。

綜觀中國在非物質文化遺產保護中，結合國際上的各種經驗，可以很清晰地發現，中國政府的主導性政策與引導式的參與是非物質文化遺產保護的關鍵環節；也就是說，政府的角色較多是採取政策層面的支持以及民間參與傳承發展的引導；雖然市場經濟發展是必經之途，在充分合理運用民間組織的參與，進行推動保護工作，是當今政府最為適當、長久的政策方向。

第三節　關於民族文化遺產的法源與傳承人制度

由國際間的經驗得知，缺乏了法律的介入，非物質文化遺產的未來是沒有保障，也不可能有所發展的；亦即，非物質文化遺產的傳承、保護與發揚，如若透過法律的程序與保障，其效果勢必如虎添翼；在中國大陸，同樣地也在文化遺產保護相關事務上建立起法律。

一、關於民族文化遺產的法源

文化遺產保護是一項國際性的課題，世界各國在全球經濟一體化的潮流

中，雖然國情不同，但是在文化遺產保護中所面臨的問題悉皆類似，因此各國政府和社會各界都是採取相應的對策來保護和協調文化遺產。

　　中國文化遺產保護方面的法律制度可以從不同的層級和法律部門來討論，它具有多層次性和交叉性的特點，主要包括了以下的法律淵源。其一，從中國憲法來看，凡是制定文化遺產保護的法律規範，都要有憲法上的依據，因為憲法所規定的是帶有根本性的國家制度、原則、公民的權利義務等。例如中國《憲法》第 4 條四款規定「各民族都有使用和發展自己的語言文字的自由，都有保持或者改革自己的風俗習慣的自由」，這對於文化遺產中的語言和風俗習慣的保護和尊重有了具體的規範。其二，依據《民族區域自治法》的規定，民族自治地方的自治機關，自主地發展具有民族形式和民族特點的文化事業，收集、整理、翻譯和出版民族書籍，保護民族的名勝古蹟、珍貴文物和其他重要歷史文化遺產。主要涉及到少數民族文化遺產保護的法律規範，是少數民族文化遺產保護的法律淵源，同時它也確立了基本法律依據和準則。在自治法其三，在文化遺產保護的專門法律和法規中，1997 年國務院制定頒佈《傳統工藝美術保護條例》，它是工藝美術行業發展、人才保護的行政法規。其中的第 16、17、18 條分別為國家鼓勵地方各級人民政府根據當地區域的實際情況，採取必要措施，發掘和搶救傳統工藝美術技藝，徵集傳統工藝美術精品，培養傳統工藝美術技藝人才，資助傳統工藝美術科學研究。其四，1984年中國國務院批轉的國家民委《關於搶救、整理少數民族古籍的請示》，要求各地、各有關部門充分重視民族古籍的搶救、整理工作，在人力、物力、財力等方面給予支持，確保做好民族古籍整理工作。此一部分，成立了全國少數民族古籍整理出版規劃小組，下設辦公室負責具體工作；各地建立了少數民族古籍辦公室，積極對民族古籍的收集、整理、出版和研究工作，進一步落實了知識分子政策，充分發揮民族古籍老專家的作用，並注意培養民族古籍新生力量。而在部門法中關於文化遺產保護的法律規範，也就是對於行政法規中，《中華人民共和國城市規劃法》、《國務院風景名勝區管理暫行條例》、《中華人民共和國環境保護法》，另外還有國家土地管理以及防火規範等有關的法律法規都涉及到文化遺產的保護規範。1990 年《著作權法》首次確認民間文學藝術作品享有著作權並受法律保護，同時規定具體保護辦法由國務院另行制定。民間文學作品是無形文化遺產的一個重要組成部分，這是國家法律第一次從保障民事權利的角度來具體確認無形文化遺產的法律地位。以上

中國所頒佈的法律，仍然必須與國際接軌。凡經中國締結或加入的關於文化遺產和少數民族權利保障的國際條約，經過中國人大常委會批准後，均為文化遺產保護的法律依據。世界文化遺產的法律基礎是建立在三個國際公約上的，他們分別是 1972 年 11 月 16 日在第 17 屆聯合國教科文組織大會通過的《保護世界文化和自然遺產公約》（Convention Concerning the Protection of the World Cultural and Natural Heritage，簡稱《世界遺產公約》），2003 年 10 月 17 日在第 32 屆聯合國教科文組織大會通過的《保護非物質文化遺產公約》（Convention for the Safeguarding of the Intangible Cultural Heritage，簡稱為《非遺公約》），和 2005 年 10 月 20 日在第 33 屆聯合國教科文組織大會上通過的《保護和促進文化表現形式多樣性公約》（Convention on the Protection and Promotion of the Diversity of Cultural Expressions）。這為少數民族文化遺產的法律保護提供了充分的淵源。

《經濟、社會及文化權利國際公約》（International Covenant on Economic, Social and Cultural Rights）第 15 條還規定了人人有權參加文化生活的規定。保護中國少數民族非物質文化遺產必須遵守國際公約和體現國際憲章原則是直接關係到政府如何履行國際公約的大事。（鄭孝燮，2003：51）。2006 年中國人權展中，專設了少數民族權利保障展區，其中特別在「中國非物質文化遺產保護中心」展區，展示了少數民族文化遺產保護取得的成就，指出「少數民族非物質文化遺產像一顆璀璨的明珠傲立於世界東方」〔註11〕由以上的陳述，可以得到中國少數民族文化遺產法源的幾個特點：

1. 中國少數民族文化遺產的法律保護有基本的法律依據。憲法的相關條款是建立法律保護體系的前提。憲法作為國家的根本大法，因此在制定任何其他的法律規範時，都必須依據憲法，因此少數民族文化遺產保護的法律規範也不例外。中國民族區域自治法經過幾十年的實踐，逐漸證明其有效性和穩定性，有助於改善民族關係。進一步實踐民族區域自治法中有關少數民族文化遺產的法律規定，將有力於少數民族文化遺產的保護，而且能夠穩定少數民族地區社會，促進少數民族經濟發展。如今，文化遺產的基礎法律規範已經建立，聯合國教科文組織制定的三大公約奠定了中國少數民族文化遺產的保護穩固基礎，而中國人大常委會的批准則是提供了實施立法的一種保證。

2. 以地方的立法促進國家立法。地方立法先行，待條件成熟後，再由國

〔註11〕參見中國人權網，檢視日期：2013 年 10 月 1 日，Http://www.humanrights.cn。

家立法機關統一立法。現在中國境內不少省區不僅制定了民族民間傳統文化保護條例，而且還公佈了少數民族非物質文化遺產保護名錄，將立法與保護實踐結合起來，對促進國家立法具有積極的示範和推動作用。

對於少數民族文化遺產的保護是隨著社會主義民主法制的建設，對文化遺產保護法律制度的建立和完備進入了一個新的時期。首先是深入理解憲法和民族區域自治法確立的相關基本原則，這些基本原則包括國家保護文化遺產的原則，各民族平等、團結、互助的原則，各民族都有發展保護本民族文化和保持或改革自己風俗習慣自由的原則等。以這些原則為基礎，各地方進行全面研究，並進一步制定和完善相關的專門法，建立起完整的文化遺產法律保護制度。其二，全面研究無形文化遺產的法律保護問題，提出制定「民族民間文化保護法」的立法構想。該法與「文物保護法」相對應，調整的是那些未被納入文物保護法範圍之內的民族民間文化遺產，尤其是非物質文化遺產。透過立法，全面確定國家保護和發展民族民間文化的基本原則、責任義務、管理體制、資金來源、普查建檔、登記評定、傳承培養、展覽利用、收購原則、出境管理、獎勵制度、法律責任等等。近年來一些地方立法機構已在這方面開始進行嘗試，獲得了一些經驗。

首先，與中國文化遺產保護體系相對的全國性法律、法規還可以再加強。在物質文化遺產中，由文物保護體系、歷史文化保護區及歷史文化名城組成的三個保護層次中，文物保護法律體系相對完善，名城與保護區目前僅有數量很少的法規檔案，缺乏與之對應的法律、法規，歷史文化保護區的立法幾乎是空白。對於非物質文化遺產的法律法規建設尚在構建過程中，僅有一些地方性法規，而且還不完善。

其次，目前有關保護的法規文件多以國務院或地方政府及其所屬部門頒佈、制定的「指示」、「辦法」、「規定」、「通知」等文件形式出現，大部分檔案由於缺乏正式的立法程式，嚴格意義上都不能算作國家或地方的行政法規，法律和法規的比例很少，上述政策性檔和措施則在相當長一段時間內行使著國家或地方法規的職能。由此反映出中國的保護仍過多依賴於行政管理，過多依賴於「人治」而不是「法制」的現實狀況。

第三，法規檔案涉及內容的廣度與深度不足，操作性不強。中國現行的法規檔的內容往往以明確保護的物件、保護的內容與方法為主，而對保護運行過程中具體管理操作所涉及的法律問題，規劃卻十分缺乏，如保護中具體

範圍的確定方式、保護管理的機構設置與運行程式、監督、反饋機構設置與運行程式、保護資金的來源與金額比例以及違章處罰規定等均無具體內容。這就模糊了法規在執行過程中人為量度的範圍，加上文化遺產保護本身涉及問題的複雜性，造成在實際操作過程中法規的執行存在相當的彈性與出入。

二、非物質文化遺產傳承人的制度探討

2005 年 3 月 31 日國務院辦公廳發出《關於加強中國非物質文化遺產保護工作的意見》，明確規定了中國非物質文化遺產保護的工作指導方針：「保護為主、搶救第一、合理利用、傳承發展」。非物質文化遺產的一個重要特點是具有活態性，它以人為載體，世代相傳，與可持續發展；如《莊子·養生主》：「指窮於為薪，火傳也，不知其盡也」。傳承是非物質文化遺產保護的核心，保護的最終目的是使得具有可持續發展價值的非物質文化遺產能夠傳承發展下去。傳承人是非物質文化遺產的重要承載者和傳遞者，他們掌握並承載著非物質文化遺產的知識和精湛技藝，既是非物質文化遺產活生生的寶庫，又是非物質文化遺產代代相傳的代表性人物。而當前在市場經濟大潮的衝擊下，加之生老病死等自然原因，中國非物質文化遺產的傳承人正在大量消失，由此導致的直接後果是其所承載的非物質文化遺產從此滅亡。因此，加強對傳承人的保護是非物質文化遺產保護的關鍵環節，中國目前對此尚缺乏有效的制度保障，本文擬對此進行探討。

（一）傳承人的認定

在非物質文化遺產工作啟動以前，在不同的行業裡，都曾經進行過傳承人的認定工作。早在 1979 年中國就有類似代表性傳承人的命名與表彰活動，當時稱為中國工藝美術大師，是根據《傳統工藝美術保護條例》對符合一定條件且長期從事工藝美術製作的人員，由國務院負責傳統工藝美術保護工作的部門授予中國工藝美術大師稱號。〔註12〕主要評定的範圍以傳統工藝美術品種為主，包括：雕刻、陶瓷、印染、織繡、編結、織毯、漆器、家具、金屬、首飾和其他工藝等一共 11 項。申請者應是直接從事傳統工藝美術設計與製作的人員，並同時具備下列條件：（1）愛國敬業，遵紀守法，德藝雙馨，無不良信譽記錄；（2）連續 20 年（含 20 年）以上從事傳統工藝美術設計並製作的

〔註12〕參見維基百科中國工藝美術大師。檢視日期：2013 年 12 月 30 日，http://zh.wikipedia.org/wiki/l。

專業人員；（3）有豐富的創作經驗和深厚的傳統文化藝術修養，技藝全面而精湛，創作出色且自成風格，藝術成就為業內所公認，在國內外享有聲譽；（4）在傳統工藝美術的傳承、發掘、保護、發展、人才培養等方面有突出貢獻；（5）省級人民政府或省級行業主管部門認定的工藝美術大師稱號；（6）未開展評定省級工藝美術大師的地方，應具有省級人力資源社會保障部門按照國家統一規定評定的高級工藝美術師職稱。不符合上述第 2 項、第 5 項條件，但掌握獨特技藝或絕技，或少數民族地區掌握瀕臨失傳技藝的申報者，允許破格申報，但應從嚴掌握。〔註13〕從 1996 年起，中國民間文藝家協會與聯合國教科文組織下屬的國際民間藝術組織合作，進行「民間工藝美術大師」等稱號的評定，涉及到陶瓷、刺繡、染織、泥塑、面塑、木雕等幾十個民間藝術門類。（田豔，2013：84）當前的非遺代表性傳承人認定制度包括兩套體系。如國家發展改革委員會對工藝美術大師的認定和評級工作，中國民間文藝家協會目前正在進行的「中國民間文化傑出傳承人調查、認定、命名」專案。

　　對國家級非物質文化遺產專案代表性傳承人、中國民間文化傑出傳承人以及中國工藝美術大師名單的比對分析，從中發現：166 名中國民間文化傑出傳承人中，與國家級非物質文化遺產項目代表性傳承人重複的有 64 名，重複率達到 38.6%；443 名中國工藝美術大師中，與國家級非物質文化遺產項目代表性傳承人重複的有 113 名，重複率達到 25.5%；37 名「民間工藝美術大師」中，與國家級非物質文化遺產項目代表性傳承人重複的有 5 名，重複率達到 13.5%。由於在官方和民間四個部門四個序列的非遺代表性傳承人名單之間存在著很高的重複率，這可能將刺激獲得認定者想要得到雙重認定或更多稱號。（田豔，2013：85）值得注意的是，就在文化部公佈首批「國家級非物質文化遺產專案代表性傳承人名單」之前，中國文聯和中國民間文藝家協會也於 2007 年 6 月 3 日在人民大會堂公佈了首批 166 位民間藝人為「中國民間文化傑出傳承人」，其所涵蓋的領域主要包括民間文學、民間表演藝術、手工技藝和民俗技能四大類。和中國民間文藝家協會同樣，中國文聯也應屬於民間性的社團組織。姑且不論民間的社團組織是否具有認定或確認國家文化遺產傳承人的資格、依據與合法性，僅就現狀而言，確實是形成了事實上的官方和民間二元並存與交叉的非物質文化遺產傳承人認定制度。

〔註13〕參見百度百科，檢視日期：2013 年 12 月 30 日，http://baike.baidu.com/view/2183396.htm。

　　到了 2008 年中國舉辦的第三個「文化遺產日」期間，公佈《國家級非物質文化遺產專案代表性傳承人認定與管理暫行辦法》，2007 年至 2013 年，文化部先後命名了四批國家級非物質文化遺產項目代表性傳承人，共計 1986 名，並專門舉行了頒證儀式。非物質文化遺產傳承人採取層級認定方式，分為國家級非遺項目代表性傳承人和省市等級非遺專案代表性傳承人。為了加強對傳承人的保護，很多地方政府也都認定了本地方的代表性傳承人，四級保護體制已基本形成，各州（市）、縣也認定命名了一批市級和縣級代表性傳承人。認定代表性傳承人的核可權在於各級文化主管部門，按照國家級、省級、市（州）級、縣級非物質文化遺產名錄進行審核認定，這種作法雖然有失全面，但目前是較為可行的辦法。文化主管部門可與上述機構進行協調交流，吸收其成功經驗，做好傳承人認定工作。有關傳承人調查和認定實質和程式方面的內容，應當經由立法予以明確。

　　從非物質文化遺產所涵蓋的物件來看，非物質文化遺產存在著兩種形態：一種是屬於單一性的非物質文化遺產，另一種是綜合性質的非物質文化遺產。（蕭放，2008：127）單一性的非物質文化遺產指的是該遺產屬於結合個人才智，創造出個性鮮明的特性，具有表現、獨立傳承的文化性質。例如個性化很強的表演藝術，諸如歌謠、史詩、音樂演奏、工藝技能與織造技藝等，他不需要依賴群體共同合作，具有獨立傳承的特性。何種程度的民族成員能夠承當傳承人的角色，將肩負起傳承文化遺產的重要任務。如前文所提到日本實行的「人間國寶」制度時的個別認定方式，可以供我們參考。日本的文化遺產傳承人認定制度涉及的對象主要是非物質文化遺產的傳承人和傳承團體。這種認定模式是針對非物質文化遺產本質的特性和形式、傳承主體的規模數量以及傳承效果的實現等標準。日本「人間國寶」認定方式有：「個別認定」、「綜合認定」與「傳承者團體認定」等，「個別認定」用來認定可以高水準展示被指定為「重要無形文化財」的藝能者和那些高水準地掌握了被指定為「重要無形文化財」工藝技術者。（劉曉峰，2007：42）個別認定的評選標準比綜合認定嚴格，可以說個別認定的標準是選擇該非物質文化遺產項目最尖端人物。而傳承人是指在傳承非物質文化遺產過程中，有代表某項遺產重要價值的文化傳統，掌握傑出的技術、技藝、技能，為社區、群體、族群所公認的有影響力的人物。如前所述，傳承性是非物質文化遺產的基本特徵，其傳承的方式也是多樣的，有群體傳承、家庭傳承、社會傳承和神授傳承等。（劉錫誠，

2006：25）對於對象明確，易於選擇傳承人的認定，需要製訂出一套文化原則，以及可以控制的技術指標，代表了該人在特定非物質文化遺產的才藝與技藝是大家公認最為深造的一位，並且這種技藝程度受到政府及專家的肯定，即可認定為同一項目中的傳承人。具體來說，應該具備以一幾個條件：1.通曉某種傳統知識或熟練掌握某種傳統技能；2.在評定的地區或領域內具有公認的權威性和代表性；3.具有傳承能力，能夠正常開展傳承活動。也就是說傳承人身份認定的重要性指標是受到本身的技藝水準以及社會聲望共同決定的。在中國現行的「國家級非物質文化遺產項目代表性傳承人認定與管理辦法（草稿）」中，第二章第四條規定傳承人應：「掌握並承續某項國家級非物質文化遺產；在一定區域或領域內被公認為具有代表性和影響力；積極開展傳承活動，培養後繼人才」等三個積極條件。

從侗錦的傳承歷史來看，它在侗族日常生活及節日中可以見到，在選擇侗族織造技藝傳承人時，主要考量農家侗錦織造的技師，而非選擇買賣侗族服飾的工匠。主要是前者作為侗族服飾的裝飾，在侗族傳承悠久的歷史，是侗族服飾文化的符號，而工匠只是現在侗族工業的新標誌，缺乏作為民族文化符號的歷史內涵，並沒有融入侗族文化之中。從社會文化資源分布與傳承人的生活狀態來看，通道縣侗錦織造技藝傳承人，兒時從母親及親友習得織造技藝，又從研究侗錦符號的專家學者認識了符號的意涵，使得侗錦織造技藝在他手上繼續發揚光大，成為侗錦織造技藝的傑出傳承人。其主要目的在於搶救侗錦織造的技藝與傳承脈絡，充分地考慮到指定的非物質文化遺產傳承人，是侗錦織造技藝的重要代表。然而在「國家級非物質文化遺產項目代表性傳承人認定與管理辦法（草稿）」中，第二章第四條規定還增加「從事非物質文化遺產資料收集、整理和研究不直接從事傳承工作的人員，不得認定為國家級非物質文化遺產代表性項目代表性傳承人。」這一消極要件。事實上，積極開展傳承活動、培養後繼人才應該是傳承人的義務而非認定傳承人的條件；而從事非物質文化遺產收集、整理和研究的人員在完全掌握了一項非物質文化遺產後完全能夠更有效地將之加以傳承，也應當將其納入傳承人範圍予以支持。

保護非物質文化遺產傳承人首先要進行傳承人的普查工作，並在此基礎上進行認定。中國歷史悠久、民族眾多，現存的非物質文化遺產表現形式豐富多彩，對各種非物質文化遺產傳承人的調查將是一個非常浩大的工程。中

國目前的做法是各級地方政府進行申報，再由文化主管部門進行審查來確定
傳承人資格。對此做法，有不少學者認為有其弊端。在申報制度下，由於受
名額的限制，最終通過核准的數量往往要比申報的數量少得多，如在第一次
國家級傳承人的認定過程中，各地申報了 1,138 名傳承人，最後文化部只認定
了 226 名。這可能會使有一些極待保護的傳承人等不及政府確認就已去世，
從而使其所代表的非物質文化遺產失傳。因此有學者建議：文化遺產申報制
應該改為普查備案制，建立科學的資料資訊回饋系統，及時開展對馬上要消
亡的文化搶救性保護。（張牧涵，2007.06.13）關於此一問題，政府開始檢討，
並於第二、三、四次公布的名錄中增加了名額。其中值得注意的是第四次公
布的名錄中出現了 1970 年代之後出生的年輕傳承人，這將有助於非物質文化
遺產的傳承。

（二）傳承人的保護

非物質文化遺產傳承人是非物質文化遺產的保護主體與傳播主體，他們
在民族文化的傳承與發展中發揮著積極作用。非物質文化遺產的保護與傳承
在很大程度上依賴於傳承人本身的傳承行為，因此可以說，由於傳承人是非
物質文化繼續發展的關鍵環節，因此在立法上有必要對傳承人給予相應的保
護。但是對於保護關係人中，傳習人也是必須一併考慮。通過傳承人的傳授，
習得、熟練、掌握某項遺產的技藝，並有可能成為新的傳承骨幹的人，一般
被稱作「傳習人」。今天的「傳習人」，有可能成為明天的「傳承人」。聯合國
《保護非物質文化遺產公約》在「保護措施」條款中對「傳承」加上「特別是
通過正規和非正規教育」的說明，意味著「教育」是「傳承機制」的重要手
段。在非物質文化遺產保護中，既重視「傳承人」的搶救，又加強「傳習人」
的培養，才有可能使非物質文化遺產「世代相傳」下去。（祁慶富，2006：122）
中國《非物質文化遺產法》在規定非物質文化遺產傳承人時，特別強調了傳
承人對非物質文化遺產保護與傳承應當發揮的作用，但是在具體的制度規定
上，以規定傳承人應當承擔的義務為主要內容，過分強調傳承人在非物質文
化遺產保護中的應盡的責任。如果說義務性的規定，強調傳承人所應當承擔
的責任，對應的是國家對於傳承人沒有合法傳承非物質文化遺產的懲處權，
對於傳承人權利的規定，強調的則是國家保障非物質文化遺產保護與傳播的
責任，更加突出了國家為保障傳承人傳承非物質文化遺產應當提供並創設相
應條件的義務。

　　傳統文化的順利傳承是一個國家保持民族性格的必要條件，政府都應將其視為一項天職。政府可以通過行政立法對傳承活動給予大力扶助，最基本的是保護傳承人在生活上給予照顧，例如政府可以用津貼的形式給予代表性傳承人資助，確保其生活無憂，方能安心從事傳承活動。目前中國政府資助是根據國家、省、地、縣四級政府所評出的各級非物質文化遺產名錄，進行相應的代表性傳承人認定，津貼的發放也是從相應的政府預算中列支。從 2008 年起，在中央轉移地方非物質文化遺產保護經費中，文化部按每人每年 8,000 元人民幣的標準對國家級代表性傳承人開展傳習活動予以資助，從 2011 年開始，國家、省及州開始對傳承人以及非物質文化遺產專項項目有一定的固定撥款資金，國家級、省級及州級傳承人的補助標準，以每人每年由原來的 8,000 元人民幣提高到 10,000 元人民幣，來資助其收徒及開展傳承活動。省級傳承人則是每人每年以 6,000 元人民幣，資助其收徒及開展傳承活動。專案保護根據工作需要安排經費。其中如果遇到傳承人的補助資金在一定期限內沒發放落實，可以根據非物質文化遺產傳承人名單提出申請程式。

　　然而，完全依靠政府預算，其財力畢竟有限，湖南省在執行非物質文化遺產傳承人相關保護制度上，借鑒日本、韓國的成功經驗，以鼓勵社會力量的參與模式。在《湖南省非物質文化遺產項目代表性傳承人認定與管理辦法》第十四條規定「省文化行政部門根據當年度省本級非物質文化遺產保護專項資金安排情況，確定傳承人資助資金，資助資金用於代表性傳承人從事授徒傳藝、培訓講習、展演、展示和學術交流等有助於非物質文化遺產保護與傳承的傳習活動。」〔註14〕通道縣政府依據該辦法，提供減免稅的優惠措施給予相關投資開設非遺項目的推廣社團，其中設立侗錦公司，以擴大相關保護非物質文化遺產公益基金。對於出於有效傳承的需要，侗錦公司在尋找傳承侗錦織造技藝的傳習人方面，讓傳承人與傳習人從原來封閉的家族式傳承轉為大眾的公共資源，政府對於所需要的費用給予經濟補償。這是非遺傳承保護機制中，有利於侗錦之後繼有人。在通道縣因地形地貌處於山區，當地的村寨之間區隔很遠，非遺侗錦織造技藝也相對地施行多樣化的傳承方式。對於採用師承方式傳承的，通道縣政府通過普查方式，協助傳承人挑選具備相應資質的傳習人，並為傳承活動提供必要的場地和設施條件，並且根據具體情況在學習期間對傳習人進行相應資助。在侗錦現有的傳承人中，除少數人

〔註14〕請參見《湖南省非物質文化遺產專案代表性傳承人認定與管理辦法》。

可以保持收入穩定及生活有保障外，其他大多數的傳承人通常生活在農村，他們因為沒有固定的經濟來源，而且家庭人口過多，所造成負擔較重，再加上經濟收入的單一，造成侗族家庭的年收入一般維持在 3,000～10,000 元人民幣之間，所以他們的經濟困難，生活也無法得到充份保障。國家補助的生活津貼基本上只能維持生活開支，所以實際用於傳承活動的經費十分有限。傳承人無力購買器材、原料以及相關費用的開支，例如租用傳習場所。微薄的補助讓傳承人有後顧之憂，無法完成傳承活動的展開。其次由於大部分傳承人在家務農，所以在相關的社保和醫保方面都沒有得到相應的保障，因為後顧之憂無法順利解決，所以目前計畫的推動尚存相當的阻力。

此外，為了使非物質文化遺產得以發揚光大，通道縣依據《湖南省非物質文化遺產項目代表性傳承人認定與管理辦法》第十五條第二款及第三款規定「非物質文化遺產項目代表性傳承人應承擔從事非物質文化遺產的生產、創作，提供高品質的非物質文化遺產作品及其他智力成果，積極參與各級文化行政部門組織的展覽、演示、教育、研討、交流等活動。」侗錦織造技藝代表性傳承人與傳習人除了進行傳統師徒式、家傳式的傳承方式，也參與通道縣政府舉辦類似學校統一教學方式的社會傳承活動，以及各個階段侗錦織造技藝工作坊。

文化遺產的一項強力保障，是從制度上保護非物質文化的根本路徑。以法律形式強調非物質文化遺產的價值和意義，明確非物質文化遺產的內涵，能夠導正不恰當的保護措施，懲處破壞非物質文化遺產的行徑，促使非物質文化遺產的保護和發展工作走上規範化道路，使傳承弘揚傳統文化精華搶救性保護瀕危的非物質文化遺產都能依法有據，有章可循。世界各國非物質文化遺產的保護無不依賴立法，以法律保護非物質文化遺產已經成為國際趨勢。以規定國家單位和個人都是保護非物質文化遺產理所當然的義務主體，各司其職。如政府保護非物質文化遺產的職責是立法普查、建檔、研究、保存、傳承、弘揚等，以及為實現這些保護行為而提供的司法財政行政技術措施，建立相關制度如法律責任追究制度、命名制度、建檔制度、定期申報制度、經費保障制度、扶持獎勵制度、傳承人的保護制度等，千頭萬緒，不一而足。尤其在立法上還應解決非物質文化遺產傳承人的權利和義務的問題。既要明確傳承人具有講學、傳藝、進行教育傳承等涉及人身權方面的權利與義務，還要確立傳承人享有傳授技藝的自由、利用傳承人掌握的技藝進行生產、傳承

人享有利益分配權利非經傳承人同意攫取傳承人傳統技藝的行為屬於侵權行
為等的財產權利等等。

（三）對傳承人的限制

　　保護傳承人的最終目的是為了更有效地保護非物質文化遺產，因此傳承
人的相關活動應當圍繞這一根本目標而進行。為防止傳承人的行為背離保護
非物質文化遺產的宗旨，理應通過立法對傳承人的行為進行一定的限制。

　　傳承人應當依法開展傳承活動；由於代表性傳承人的稱號給授予者帶來
了很高的榮譽，且政府也提供了相應的資助，傳承人就應該承擔相應的義務，
即將非物質文化遺產進行積極地傳播推廣，不得秘而不宣。當然，傳播推廣
的具體形式應當聽取傳承人的意見，採取師徒傳承的，在收徒弟時主要看傳
承人的意見，有關行政主管部門可以提出建議。日本的遺產傳承人在擁有經
費使用權的同時，還需要在獲得「重要無形文化財」稱號的三個月內公開該
項遺產的技藝記錄。當傳承人出現住所變更、死亡或其他變化時，其子孫或
弟子要在 20 天內向文化廳長官提交正式文書。傳承人去世後，其稱號也不能
由其徒弟承襲。韓國則在為遺產履修者（學習者）發放「生活補助金」的同
時，要求他們必須跟從傳承人學習 6 個月以上，並在相關領域工作 1 年以上。
政府還定期對各類非物質文化遺產的傳承狀態進行審查。例如他們要求國家
級的表演類遺產每年必須有兩場以上的演出，此舉一來是對國民進行遺產知
識普及，二來則是為了對遺產傳承現狀進行品質檢驗，如果認定該項遺產已
不符合國家級的要求，政府就會解除它的稱號。（顧軍、苑利，2005：126～
127）通道縣政府相關文化部門為了嚴格貫徹執行《國家級非物質文化遺產保
護與管理暫行辦法》和《湖南省非物質文化遺產項目代表性傳承人認定與管
理辦法》，細化相關的工作措施，落實加強對傳承人的管理和服務。制定《通
道縣非物質文化遺產項目代表性傳承人認定、推薦與管理暫行辦法》。依據辦
法第十九條規定，對於非物質文化遺產項目代表性傳承人應當履行傳承義務；
對於喪失傳承能力和無法履行傳承義務的，應當按照程序重新選擇認定該專
案代表性的傳承人；對於那些不積極履行傳承義務的，取消其代表性傳承人
的資格，按照程式另行認定該專案傳承。在依據《湖南省非物質文化遺產項
目代表性傳承人認定與管理辦法》第十八條規定，「省級非物質文化遺產項目
代表性傳承人無正當理由不履行傳承義務，在規定時間內未完成專案任務書
要求的傳承任務，連續兩年無傳承活動者或喪失傳承能力、無法履行傳承義

務的，經省文化行政部門核實批准後，取消其省級非物質文化遺產項目代表性傳承人的資格及其傳承人所享受的一切待遇，並按照評審、認定程式，重新認定該專案的代表性傳承人。」民族民間文化優秀傳承人每年必須有三個月以上的時間，在從事相關的民族民間文化傳承活動，對於達不到以上時間的，即取消榮譽和相關待遇，而且有關部門在確保這些措施落到實處的同時，通過不斷提高對傳承人的服務品質，有效地促使傳承人更積極地完成侗族文化的傳承任務。

目前中國的非物質文化遺產保護工作是在政府主導下進行的，因此在傳承人的認定和保護過程中，完善政府監管職能是必須的。監管的內容主要包括對傳承經費的使用進行指導、管理，以及對非物質文化遺產的傳承情況進行監督。

綜上所述，傳承人的認定和保護是非物質文化遺產保護的關鍵環節，需要進行周詳的制度設計和有效的制度施行。目前中國對傳承人保護的問題只是以部門規章及地方性法規的形式出現，法律效力較低，另外規定的內容比較粗糙。鑑於此，筆者認為在中國目前正在起草的《非物質文化遺產保護法》中，應當對傳承人保護的問題作出詳細規定。

第六章　活化侗錦的新生境

人們談論「全球化」概念時，常常是指經濟（產品、資本）的全球化，最多再加上資訊和技術。但是隨著產品、技術、資本、資訊的大規模、高速度的國際化，它們帶來的影響則遠遠超出了經濟的範疇。所以人們可以從不同的層面上來認識全球化的涵義。在文化上，全球化形成了特定的邏輯並造成了文化巨大的悖論，悖論的一面是文化日益一元化的趨向，另一面是文化的多極化、多元化趨向。

隨著上個世紀 80 年代以來經濟全球化對文化多樣性影響的日益加劇，國際社會將關注的焦點轉為最能體現文化多樣性，同時也是非常脆弱的非物質文化遺產。

文化是一個民族身份的標誌，保持民族文化的相對獨立性，維護人類文化的多樣性、獨特性就是要繼承和發展優秀的傳統文化。因此，對一個民族來說，非物質文化遺產乃是本民族基本的識別標誌，也是維繫民族存在發展的動力和源泉。在某種層面上，非物質文化遺產的消失，意味著文化多樣性的消亡。由於全球經濟科技發展的日益一體化，同時又對傳統文化造成不同程度的破壞，民族傳統文化賴以生存的土壤日益貧瘠，民族或區域文化特色的非物質文化遺產的消失正在加劇。特別是在發展中國家，這一問題顯得特別地突出。目前中國正在醞釀一系列非物質文化遺產保護專案。其中最具代表全國性的保護項目是「中國民族民間文化保護工程」，這個預期五年的專案主要包括：建立中國非物質文化遺產代表名目、建立民族文化生態保護區和中國民族民間傳統技藝保護。在這個以政府為主導由社會各界廣泛參與的保護項目中，博物館卻具有獨特的優勢。

第一節　博物館化保護

　　博物館工作的實質就是以物品為載體的文化傳承與資訊傳播……博物館的核心或者靈魂其實就是物品，這個地方就是人類的歷史記憶現場，同時也是進行文化傳承與創新的文化的殿堂。（曹兵武，2005：11）可以說，博物館在現代城市中佔有一種獨特的空間，在這個空間裡，歷史時間得以壓縮。正如電影可以透過短暫的文本時間來對應漫長的歷史時間進行敘述一樣，博物館空間也是將物品以有系統的進行敘述，在有限的時空裡講述歷史。

　　博物館誕生於西方，與西方民族國家的形成與建立以及殖民擴張的開始相關聯。博物館產生的時間背景具有一定的歷史必然性：首先，建立現代民族國家的合法性，需要對「民族」的記憶加以創造與發明。博物館就迎合了這樣的需要。文獻資料、藝術品、服飾、建築裝飾等民俗用品等等都可以被按照這樣的需求收集起來，並以歷史進化論的邏輯進行展示，以建構關於一個統一民族的歷史想像，這是現代國家加強民族認同的方式之一。

　　隨著現代化進程波及全球，博物館這一文化機構也隨之遍地開花。東方國家的文化自覺比起西方來說，顯得較為被動。正是西方的殖民入侵，讓許多東方國家開始有了民族的意識、有了保全民族文化的需求。

　　　　博物館在中國的誕生是在百年前西風東漸的產物。1868 年，法國傳
　　　　教士在上海創辦了徐家匯博物館，這是中國最早的近代意義上的博
　　　　物館。中國人為博物館事業的發展已經奮鬥了正好一百年，期間曾
　　　　經出現過三次博物館建設與發展的高潮：第一次是在 20 世紀 00 年
　　　　代，第二次是新中國建立之初，第三次是改革開放之後。三次博物
　　　　館發展的高潮都與中國社會大轉型緊密聯繫在一起。第一次正值中
　　　　國從半封建半殖民地向現代社會轉變的關鍵時期，博物館作為啟發
　　　　民智的工具受到有識之士的高度重視；第二次是從舊中國邁向新中
　　　　國，第三次是從計劃經濟體制向社會主義的市場經濟階段轉變。在
　　　　這種大的社會轉型過程中，博物館的大發展既有傳統的文化資源向
　　　　博物館收藏轉化的遺產保護的客觀需求，更與社會變動過程中文化
　　　　的傳承、謀劃和創新需求緊緊聯繫在一起。（曹兵武，2005：43）

　　這項西風東漸的文化產物，帶進了西方國家體制的優越感，也使得東方國家感受到文明的自我體認。觀看中國博物館事業的三次發展高潮，對照其中國歷史，博物館的重大發展都發生在巨大的社會轉型時期。探其原由，恰

恰是當一個新的政權上臺、新的社會制度產生之際,都需要重新進行社會整合。對於歷史的敘述恰恰反映著博物館的創建者對於當下的一種態度。一般博物館收藏的文物不是當下的產品或物件,文物本身是從各地方搜集來的,但是組織搜集文物的邏輯是有價值取向的。這種價值取向並不代表物品原屬主人的邏輯,而代表的是博物館建立者、策展人的邏輯。每一個展覽就在這搜集來的各別文物,重新再建立新的文化脈絡。

　　從歷史上來看,在中國博物館的發展過程中,政府一直扮演著幕後指導的角色。研究、搜集、收藏、展演等博物館的一般功能,最後常常歸結到一個功能最為主要的教育推廣目標。

> 博物館等文化基地的興起一般是在『他者』文化的參照下發生的,國家或地方意識到民族文化或地域文化對本地區文化獨立地位的重要作用,他們往往以博物館等物質形態展示(民族)地方文化,定義(民族)地方文化特徵,將蘊含文化象徵含義的物品用空間存在的方式將文化構想維持下來,並將其建構成向國人或地方民眾強化文化認同歸屬感的教育基地。(王詠,2009:53)

　　當然,文化不僅鞏固著地方民族的認同,乃至於國家的認同,文化也是一種資源、一種資本,具有再生產的能力。隨著市場經濟的發展以及全球化的日漸深入,市場的力量也逐漸成為左右博物館脈絡化的展覽機制中的重要一環。博物館原先是用於研究、保存和展示具有文化意味的機構,首先發揮著文化整合的功能,但在新的社會條件下日益具有了更加廣泛的社會功能。

> 在社會轉型時期,大批文化遺產面臨破壞和消失的危險,博物館的徵集,直接參與遺產的保護和相關的宣傳工作也顯得尤為必要,可以說,博物館也是文化遺產研究和保護事業的主力軍。沒有博物館對文物、文化遺產的徵集保護、研究及科學管理和合理利用的參與,博物館實現自己服務社會和公眾,在人類文化的傳承創新方面發揮作用的目標就是空中樓閣。(曹兵武,2005:30)

　　國際博物館協會 1989 年 9 月 5 日在海牙通過的《國際博物館協會章程》中定義博物館為「一個為社會及其發展服務的、不營利的永久性機構,並向公眾開放。它為研究、教育、欣賞之目的,收集、保護、研究、傳播及展示人類和人類環境的物證。」(王宏鈞,2001)博物館的基礎功能就是對文化或自然遺產進行收集、整理、典藏、修復、研究、展示,以及推廣教育等需求。

1905 年在江蘇省南通市由中國企業家張謇推動下，自行創辦的第一家示範型博物館起，中國的博物館歷史至今已有 100 餘年。中國的傳統博物館主要是可移動文物的陳列展覽場所，是遺產保護有效的辦法之一。但現在隨著社會發展，人們意識的改變，博物館發展有了新的方向。2006 年初春，中國國家博物館主辦了中國第一次非物質文化遺產展覽，隨著這一場展覽的展出，讓更多的民眾對「非物質文化遺產」越來越關注。而且，隨著對博物館理論的深入研究，「文化遺產」的內涵不斷地被深化，非物質文化遺產逐漸被列入博物館的保護範疇。而在中國各地方設立的地方綜合性博物館，就成為中國博物館的保護非物質文化遺產的重要基地。

一、博物館與侗錦織造技藝的保護

　　通道縣內建立的侗錦博物館與縣政府文化局共同承擔了，侗錦織造技藝項目保護的任務。在進行非物質文化遺產織造技藝項目的博物館化保護研究過程中，主要運用了雙向思維，一方面是要「活化」侗錦文化遺產，同時「活化」的並不只是針對非物質文化遺產織造技藝項目，博物館也採取了多種形式的保護工作，以適應非物質文化遺產織造技藝項目保護的生態需求。因此，博物館化實質包含兩個含義，一是為適應現有體制下博物館式的保護，來創造非物質文化遺產織造技藝項目的多樣保護措施；二是提升博物館文化遺產保護的理念，強化博物館展示與推廣教育的功能，以實現「活化」非物質文化遺產織造技藝項目。第一個含意是適用於年代已久、失傳或技藝較為複雜的織造技藝項目的保護。它依靠的是傳統博物館在藏品的徵集、整理和典藏的主要功能，暫時將老舊的侗錦典藏起來，等待專家學者與傳承人日後將侗錦依其圖紋符號，轉化運用在當代的織造紡織品上。第二個含意適用於現在侗族婦女還經常使用的侗錦圖紋，用展示與教育推廣來實踐非物質文化遺產織造技藝的保護，這類型態的保護是實踐對非物質文化遺產織造技藝項目的「活化保護」。這一過程主要以各類型的現代博物館為主，以通道縣來說，包括了社區型博物館、文化生態試驗區、侗錦織造技藝示範基地等。可以說，「博物館化」是非物質文化遺產織造技藝項目暫時擺脫文化失傳的危機，以文化永續經營為實踐途徑之一。如何永續經營它，不只是侗族內部自身的任務，還需要從縣級、市級、省級再到整個大環境和文化持續尋求解決途徑。

　　侗錦織造技藝的博物館化保護工作，最早可以往前推到二十世紀下半葉

的年代。張柏如先生在 1954 進入到通道縣文化館，侗鄉的建築、雕刻、銀飾等各式工藝都相當吸引著他，其中對於絢麗多彩的侗錦更使他癡迷。出於對侗錦文化的熱愛，很早就關注侗錦的文化，並積極地下鄉參與田野調查工作，以前瞻性的眼光逐年蒐集整理侗錦的圖紋符號。經過幾年的蒐集與整理，張柏如僅蒐集通道縣的侗錦圖紋符號，不足以看清侗族織錦文化的全貌，感覺在通道縣蒐集到的侗錦數量與圖紋，應該只是在侗族地區的少數，便下定決心跨省、跨地區去搜集。為此，張柏如在 1981 年提前退休，從學習侗族各地文化為研究的開始，趁著身體還可以走動，開始走訪湘、桂、黔三省區的侗、瑤、苗等少數民族地區。先後數十個村寨，與侗族族人打成一片，搜集了各地域的工藝品，以及各地區的侗族服飾、侗錦等 400 餘件，並由此開始探究侗族歷史與技藝。〔註1〕張柏如對侗錦的研究，是研究侗錦織造技藝與侗錦文化的學者專家有目共睹的。

　　在張柏如的回憶錄《走出厄運：奔向金色的黃昏》中也提到：

　　　　當時我來通道侗鄉，一見到侗族精美的織錦、刺繡的特殊風格就讚
　　　　嘆，那時曾作過小量的搜集，並在縣文化館舉辦過有史以來第一次
　　　　侗錦展覽，還挑選部分精品，參加 1957 年湖南省首屆美術展覽會，
　　　　受到美術界名家的高度重視，18 歲的侗族姑娘吳秋香的織錦作品評
　　　　上一等獎。

　　　　在 1978 年，徵得館長的同意，下鄉調查半個月，僅徵集了 18 件侗
　　　　錦再向吳昌傑夫人供了 7 件珍藏的侗錦，在雙江文化館舉辦了時隔
　　　　23 年後的第二次侗錦展覽。（張柏如，1998）

　　早期張柏如研究侗錦，收集了大量侗錦，整理出不少侗錦圖紋中所代表的符號文化，並成功的舉辦三次侗錦展覽。隨後在二十一世紀初，以現有資料為基礎，整理編輯在台灣漢聲出版社以專刊方式出版兩輯。通道侗錦織造技藝項目在張柏如的研究基礎上，侗錦文化傳承得以延續，並且保存著極高的文化價值。透過縣政府與侗族研究專家的共同努力，撰寫申報非物質文化遺產保護項目，於 2008 年 2 月被國務院批准列入「國家級」非物質文化遺產名錄。侗錦織造技藝有了「國家級」的光環之後，縣委，縣政府開始以高度的規格重視這項侗族歷史悠久的織造技藝，隔年（2009）11 月在縣文化局的關

〔註1〕2014 年 4 月 16 日，於通道縣雙江鎮，訪談張靖明。

心和幫助下，成立了通道侗族自治縣侗錦織造技藝發展有限公司，開始了專屬於侗錦織造技藝的傳承基地，並圍繞縣政府為地方特色實施「生態立縣，旅遊興縣」的目標努力活化侗錦產業。通道縣經過了一年在侗族村寨旅遊業的發展，侗錦織造技藝有了小規模的產量，為了引藉更多織造者的加入，2010年 8 月成立通道侗族自治縣侗錦傳習所，又為更需要推廣侗錦織品的價值，在皇都侗族文化村建立湖南侗錦博物館。從某一層面的角度來看，侗錦織造技藝非物質文化遺產也算是進入了博物館，向參觀者進行展示，這種展示有著傳統博物館的展示手法，亦即侗族織錦的展示也有侗錦織造技藝的現場展演、靜態展示與動態展演方式。參觀者基本能夠瞭解侗錦織造技藝的發展歷史、工藝流程，並且能夠清楚地瞭解侗錦獨有的藝術特色。織造藝人在現場操作演示如何進行織造技藝的每一道工序，參觀者也可以進行簡單的操作，這提高了參觀者的參與性和對侗錦的認識，也增加了侗錦博物館的收入。

　　從早期張柏如透過通道縣文化館傳統的博物館功能，將侗錦文化保存起來，到現在通道縣政府在皇都侗寨設立的侗錦博物館，將侗錦織品以及侗錦織造工序以現場演示，對侗錦織造技藝傳承與推廣，是一種對當代社會的文化適應與創新，已經發揮了博物館功能在織造技藝非物質文化遺產在保護中的優勢。由此可見，博物館參與侗錦織造技藝這項非物質文化遺產的保護是有一定的實踐基礎和理論支持的，這不僅是博物館功能發展的結果，也是博物館形式不斷提升的必然現象。現代博物館的種種形式由於多種原因在中國國境內尚未完全開展，生態博物館和社區博物館等理念的認識和形態的普及在中國還需要一段時間才能開展。但從國際博物館的功能變遷和要求參與社會發展的理念看，博物館在各項非物質文化遺產保護中的作用，將是其它機構難以取代的。

　　隨著博物館形式不斷豐富，博物館也被劃出兩大類別加以區分，即傳統博物館和新博物館。〔註2〕（轉引自蘇東海，2001：3）傳統博物館，即主流

〔註2〕《宣言》指出，新博物館學包含生態博物館學、社會博物館學以及其他各種形式的現行博物館學。新博物館學的主要內容有以人為本，強調以觀眾為博物館的導向，強調博物館在終生教育中的獨特作用關注人類的可持續發展，提倡環境教育主張博物館陳列應該有貫徹博物館功能的非常明確的主題，一切內容都是為了突出主題要盡可能使用高科技的傳播手段反對單元文化，強調宣揚文化的多樣性，保護原住民文化主張博物館博大精深，隨著社會的發展，博物館學的內涵將與更多的學科交叉，要加強博物館工作人員培妙，除提高學術水準外，更要重視個人的倫理規範。參見甄朔南，2001，〈什麼是新博物館學〉，《中國博物館》1：26。

博物館，是相對於新博物館而言的，是生態博物館學興起後出現的概念。傳統博物館的特徵也是和生態博物館的比較中彰顯出來的，根據學者的比較歸納，傳統博物館：建築＋收藏＋專家＋觀眾。生態博物館：地域＋傳統＋記憶＋居民（轉引自蘇東海，2001）但是法國學者雨果·戴瓦蘭將傳統博物館的特徵歸為三點建築、收藏、展示。（轉引自甄朔南，2001）

目前中國共有各級各類博物館 2,300 多個，從博物館類型來看，地方綜合性博物館是中國博物館的主流。它們在非物質文化遺產的保護和傳承中具有兩項關鍵的優勢。其一，地方綜合性博物館建館時間相對較長，大部分由地方政府的文化文物主管部門經營管理，資金運用較為靈活，相對地具有較好的硬體設備，並配有學術研究人員，這將有助於從事保護非物質文化遺產。其二，中國現存所認定的非物質文化遺產項目，是以一定地理區域內，擁有重要歷史文化價值，緊急需要保護的項目。而地方綜合性博物館是正處於一定地理區域之中，對於非物質文化遺產存續的重要文物工作機構，又是一定地理區域內的文物收藏、保護、研究、陳列、宣傳的中心機構，在長期的地方文物保護工作中，培養了一批熟悉當地歷史文化和文化遺存的專家和研究人員，他們最瞭解、最熟悉當地非物質文化遺產的發展歷程和現狀。

由此可見，傳統博物館有固定的建築，由研究者進行研究調查任務，以收藏實物為目標，定期舉辦展覽，傳統博物館的一切工作以有形的實物為中心。此刻所稱之「傳統」主要是從博物館工作內容和工作方法而言的。縱使傳統博物館成立的理念以及工作方法均為新博物館學所批判，但是目前世界各國傳統博物館的數量也是最多的，所以被稱為主流博物館，傳統博物館經過幾百年的發展已經形成了完整的工作體系和方法，在文化遺產保護工作中扮演著十分重要的角色。

民族地區建設民族博物館的特殊性，在於民族地區自然環境、民族特色、民族文化，以及經濟貧困的特殊性，這些特殊性決定了民族地區建設民族博物館的艱困程度。由於少數民族地區經濟基礎比較落後，許多偏遠村寨的溫飽問題尚未解決。經濟貧窮造成了科學技術的落後，也影響了文化建設的提高。這是少數民族地區民族博物館建設難度大的關鍵所在。同時，現在面對跨世紀的傳統與現代的關係，少數民族地區的民族博物館肩負著保護、推廣、研究和展現民族文物、傳承民族文化技藝的艱巨任務。民族博物館需要發揮博物館的功能，充分運用民族文物的展現，推廣文化內涵，協助族人對文化

的視野；更需要結合跨領域的學科，從多面向、多角度的思考文化發展以解決民族文化傳承的問題。基於文化遺產保護理念的發展和侗錦織造技藝非物質文化遺產項目保護面臨的嚴峻形勢，以博物館為參與保護的核心單位，透過文化實物為中心的傳統博物館在侗錦織造技藝非物質文化遺產保護中，能夠發揮相當的作用。

通道縣政府在 2005 年成立通道侗族自治縣申報世界文化遺產工作領導小組，主要分成六個工作團隊，包括有古建築保護工作小組；民俗、文化搜集、研究工作小組；博物館籌建工作小組；生態環境建設工作小組；宣傳小組；以及資料綜合小組等。關於組織專門對非物質文化遺產的調查、搜集、研究的工作團隊，由縣政府的民俗宗教局為團隊組長，文化局、教育局、旅遊局、史志辦公室與檔案局形成組織團隊。

在民族地區面臨各種民族生息的環境中，由於交通、地理環境和歷史等方面的因素，相對封閉，使得各種文物、資料保存也相對地較為完善；亦有可能獲取現生文化的第一手資料，通道縣的文化收集研究小組結合民間的侗族文化研究專家，運用本身所掌握的知識和積累的民族文物研究經驗，在廣大的侗族地區進行廣泛的田野調查，發掘能充分代表侗族歷史發展、具有文化特徵的民族文物，拍攝照片，並進行其口述紀錄。經過了多年的發展，提升了博物館的工作方法和理念，在形成了一套完整的文化遺產調查方法，對傳統文化遺產保護建立大量方法和經驗，這些方法和經驗對新形勢下非物質文化遺產調查和保護有一定借鑒意義。通道縣以組織專門研究團隊的力量，對特定的侗族區域內的非物質文化遺產進行普查與確認，明確當地非物質文化遺產的歷史情況和現存的狀況，這是邁出非物質文化遺產保護任務的第一步。

民族文化遺產最為豐富的部分就是非物質文化遺產，這些非物質文化遺產有著民族性、地域性、精神性、時代性、不可替代性、價值的客觀性。今日在考證歷史時，一方面依據出土的有形文物，回溯過去的社會原貌，一方面依據文獻紀載去比較當時的文化狀態，但這樣的結果，仍加入了現代人的許多主觀因素。而沒有文字紀載條件的少數民族歷史與文化，又如何去鑒定、識別他們的文化歷史呢？現在許多少數民族的年輕人已不會說、聽不懂自己民族的語言、詩歌彈唱，無法掌握自身民族的技藝，原有的民族技藝傳承人隨著時間的逝去潮漸地消亡。當面對遠古時代的研究，連最簡單的文字記載

都沒有，只憑藉稀少的有形物品去考證時，現存於世的巫師、寨老、民間藝人及老年人就成為各種文化的國寶了。對於這些非常寶貴的人類文化遺產需要十分重視，少數民族博物館應該透過政府、企業、大眾、人員、設備、籌措資金，從每一個不相同的民族和每一個民族不相同支系中的巫師、耆老，以及民間藝人中，選擇出具有代表性的人員，運用現今可行的相關技術，將技藝「保存」起來，並且永續傳承下去。讓他們身上具有的有形條件、有形文化與無形條件、無形文化都得到充分展現。

通道縣申報世界文化遺產工作小組的主要工作，其中兩項非物質文化遺產調查工作：

> 一、積極挖掘、搜集、整理區域內侗族非物質文化遺產，並使其得以繼承和發展。第一，挖掘、搶救侗族民間音樂舞蹈。由文化部門牽頭對以侗族大歌、琵琶歌、蘆笙舞、哆耶舞為代表的侗族民間歌舞進行搜集整理和提升工作，指導鄉村廣泛開展各種文化活動；由教育部門實施民族傳統優秀文化進入中小學課堂計畫，切實解決目前普遍存在的民族文化後繼乏人，面臨失傳的問題。第二，深入研究侗族各種民俗，弘揚侗族優秀傳統文化，促進侗鄉「三個文明」建設。由民族宗教局牽頭組織人員開展侗族宗教、信仰、倫理、道德、司法、節慶等眾多民俗的研究和整理，積極組織開展各種民俗活動，使其得以繼承和發展。

> 二、加強侗族服飾、刺繡工藝、民族醫藥和飲食文化的挖掘和活化利用。由文化、衛生、民族、旅遊等部門在各自職責範圍內抓緊對以侗錦、侗帕、銀飾為代表的侗族服飾、刺繡，以草藥為代表的侗族醫藥，以打油茶、苦酒、酸菜的侗族飲食進行充分挖掘和活化利用。〔註3〕

通道縣對於侗錦織造技藝非物質文化遺產的普查，主要借助人類學、歷史學、民俗學以及藝術學等多學科的知識與研究調查方法；傳統博物館的文化遺產調查主要是田野訪談、民族誌調查、社會統計等手法，這些方法與對侗錦織造技藝非物質文化遺產實地調查方法既有一定的差別，也有相同之處。侗錦織造技藝非物質文化遺產本身具有歷史、文化、藝術等多重價值，對研

〔註3〕 參閱通道縣於 2010 非物質文化遺產日印發宣傳單〈通道縣申報世界文化遺產工作實施方案〉，未出版。

究民俗、美術史、民間信仰、服飾發展史等都有著重要的作用。雖然侗錦織造技藝非物質文化遺產是無形的，但這類文化遺產不是孤立存在的，它仍與一定的物質實體聯繫在一起，侗錦織造技藝非物質文化遺產在完成侗錦的一套工序中，借助了一定工具與物質實體，如軋車、彈棉弓、捲筳工具、紡紗車、絡車、紡錘、經床等，是侗錦將棉紡成紗線不可少的工具；捲經板、分經木組、竹箱、壓經尺、緯線梭、挑花棒、緯線棒、捲錦軸、撐經腰帶、綜桿、踩繩、纏綜器、穿箱棒、綜框等是侗錦織造技藝中織花不可少的工具。這些實物與織造技藝本身有著密切相關，織造工序需要這些實物來表現和完成，而這些工具和實物因為織造技藝的存在，具有一定的價值，這對研究侗錦織造技藝的變遷和時代特點具有重要啟示作用，是研究歷史時期的民俗和經濟生產活動的重要線索。然而實物正是傳統博物館物質研究的內容，因此必須將傳統博物館的相關工作方法引入侗錦織造技藝非物質文化遺產的普查中來，與民族學、民俗學、藝術學等學科方法的相結合。同時注意到對侗錦織造技藝進行從物質到非物質、從有形到無形的全方位、多角度的深入普查，從而能夠更全面地瞭解和掌握該項侗錦織造技藝的歷史、文化、藝術等價值，突顯該項侗錦織造技藝在不同學科研究中的學術價值。這說明了通道縣在非物質文化遺產普查與確認的基礎上，建立起當地非物質文化遺產的調查資料與檔案，這是開展非物質文化遺產保護的良好基礎。

自從 2006 年 2 月 12 日「中國非物質文化遺產保護成果展」在中國國家博物館開幕，首次呈現中國各地方將近 2,000 件的非物質文化遺產項目，以及 1,500 餘幅照片。隨後，中國各地方的博物館以及相關文化單位開始重視非物質文化遺產的各項議題。關於織造技藝相關的非物質文化遺產項目則在 2009 年在上海新國際展覽中心，由中國紡織工業協會主辦的第十五屆中國國際家用紡織品及輔料博覽會，當時侗錦第一次展現在中國非物質文化遺產大型展覽會，當時呈現了百幅侗錦紡織品，同時侗錦造織技藝代表傳承人栗田梅也在現場展演侗錦織造技藝，成功地在國內外學者、專家、商人等面前宣傳侗錦織造技藝的獨特之處，也積極地推廣了侗錦文化的深厚內涵。近年受到韓國 WJC 公司的邀請，前往韓國首爾國家紡織品第四屆的博覽會，首次將國家級非物質文化遺產——侗錦織造技藝推廣到國外。此外，國立政治大學民族博物館館長張駿逸教授帶領學生，曾經在南部侗族地區進行了實地調查，蒐集了超過 120 件侗族特色的生活器物，並在臺灣舉行了「別有侗天——侗族

生活物器特展」，這是在臺灣首次展示與侗族生活器物包含侗錦文化相關的展覽，這是臺灣人對侗族文化的啟蒙理解。另一方面，還有顏芳姿教授與侗族青年梁全威在臺灣共同舉辦了美術繪畫方面的展覽，推廣了包括侗族服飾審美的精神文化。2010年通道縣舉辦了第一場兩岸侗族文化傳承與創新研討會，旨在探討侗族文化傳承與創新，促進通道侗族文化遺產項目申報世界文化遺產。此外，在每年舉辦侗族非物質文化遺產傳承日活動，以及侗族地方歌會（如大戊梁歌會、獨坡鄉六月六歌會）等，都會伴隨舉辦侗錦織造技藝現場展演的非物質文化遺產宣傳活動。通道縣積極地開展非物質文化遺產侗錦織造技藝項目的研究與展示活動，對於宣傳保護非物質文化遺產有著相當重要的意義。

　　綜上所述，通道縣政府根據普查而建立起來的檔案，組織有關專業人員，對當地非物質文化遺產形成的歷史背景、發展演變過程、文化內涵、社會功能以及它的發展前景和社會意義等內容開展深入的研究。在進行非物質文化遺產侗錦織造技藝項目保護時，對這些有著歷史價值的實物和工具進行保護是必要的，也是必需的。在此基礎上博物館進行非物質文化遺產侗錦織造技藝項目的陳列展示活動，同時配合相應的織造展演、傳承講座、節慶展演活動、交流觀光等活動，對非物質文化遺產傳統技藝類進行宣傳，使參觀者進一步瞭解非物質文化遺產傳統技藝類侗錦織造技藝項目的各項價值。普及非物質文化遺產知識，使社會公眾參觀學習，增加對它的認同感。從而提高族人以及社會大眾保護非物質文化遺產的自覺性，推動當地非物質文化遺產保護工作的進行深入研究。對於這些侗錦織造技藝的整理、保護、展示等工作都是需要傳統博物館專業人員參與，這也是傳統博物館在文化遺產保護理念的責任。

二、新博物館對侗錦織造技藝的保護

　　文化遺產的收藏和保護被認為是博物館的核心功能之一。上世紀70年代以來，文化遺產理念的不斷進化和發展，在理論和實踐的層面上對博物館收藏和保護功能的影響非常深遠。當生態博物館理論進入中國文化遺產保護領域的同時，文化生態學理論和文化生態保護理念也逐漸地被中國學術界和文化遺產保護領域所認同並積極地實踐。

　　1998年中國藝術研究院研究員方李莉提出了文化生態失衡的問題，並於

2001 年發表論文《文化生態失衡問題的提出》，從美國文化生態學派的文化生態含義出發，闡明了「文化生態」的意義。隨後，出現了孫兆剛《論文化生態系統》、《文化生態系統演化及其啟示》，鄧先瑞《試論文化生態及其研究意義》，王玉德《文化生態與生態文化》，駱建建、馬海逵《斯圖爾德及其文化生態學理論》等關於探討文化生態的學術論文。許多學者都認同有機體不能與它們的環境分開，而與它們的環境形成一個自然系統。（余謀昌，2001：75～76）這就是所謂的「生態系統」。它是自然界生物和非生物環境之間，或生物有機體之間相互連結，相互作用，彼此進行物質、能力、資訊的交換，構成動態平衡的整體。這些研究開啟了在中國以民間文化為範疇，探討『文化生態建設』的相關議題。

在侗族的傳統觀念中，人與萬物皆同源，不僅人有生命與思維，萬物亦有它的生命與思維。因此，人與萬物要和睦相處，人類如果對萬物過度地使用、獵取和破壞，將會遭到萬物的報復和懲罰。侗族自古以來就有著特別尊重與自然和諧共存的傳統，所以侗族地區實施非物質文化遺產保護規劃時，在調整產業結構過程中，更容易注重環境的保護與建設，尋求一項兼顧當代發展的選項。近幾年來，湘黔桂三省區政府陸續公佈了數十項重點建設的各民族保護村寨，其中也涉及到了苗、侗等民族村寨。

根據中國國家《「十一五」時期文化發展規劃綱要》提出的「十一五」期間，中國將建立 10 個國家級民族民間文化生態保護區，對非物質文化遺產內容豐富、較為集中的區域，實施整體性的保護。湖南省侗學會副會長石佳能此刻提出了建立「湘黔桂三省坡侗族文化生態保護實驗區」的構想，從實驗區的範圍、建立目的、保護對象、保護措施、保障機制等 5 個方面的加以論述。其目的是保護好、傳承好三省坡地區的以侗族為主體的文化遺產，讓當地生態保持和諧的狀態。

國家非物質文化遺產保護工作專家委員會副主任劉魁立研究員則從學理角度全面思考了文化生態保護區建設的問題，提出了五大原則：一、開放性原則。文化生態保護區是一個開放的系統；二、發展性原則。所保護的文化是發展變化的；三、主體性原則。民眾是保護區的主體；四、要特別尊重寓於文化遺產中的廣大民眾的價值觀；五、文化生態保護區的建立；乃至於整個物質以及非物質文化遺產的保護工作；都是以政府為主導的；關鍵的問題是政府如何正確和適當地參與。（劉魁立，2007）

　　文化生態保護區是一個與民眾的生產生活密切相關的社區，社區民眾是該社區內一切物質文化和非物質文化的創造者、享有者和傳承發展者，理所當然也是該社區保護工作中最直接的參與主體。文化生態保護區的建設中，不僅要堅持以人為本的原則，尊重民眾的生活方式、宗教信仰和風俗習慣，從民眾的實際利益出發開展工作，還要積極調動廣大民眾參與保護區建設的積極性，激發其作為保護主體的主人翁意識，充分享有管理權益，履行管理義務。

　　作為民眾的團體，民間社團組織、企業也是文化生態保護區保護主體的重要組成部分。要發揮這些社團組織和有參與公益活動積極性的企業的作用，凝聚民間力量，形成文化生態保護區保護的團隊。以「侗族文化生態保護實驗區」為平臺，促進非物質文化遺產跨區域保護和傳承。亦即若要順利進行侗族非物質文化遺產跨區域保護、傳承和活化的任務，必須有一個穩定的平臺作為依託。侗族南部方言區的「三省坡」地區不失為較好的選址。這一地區毗鄰相連的有廣西三江侗族自治縣、龍勝各族自治縣，湖南通道侗族自治縣、靖州苗族侗族自治縣，貴州黎平縣、從江縣、榕江縣共七個縣，總面積兩萬多平方公里，有侗族人口 113.3 萬，占該區域總人口的 53.3%，是侗族非物質文化遺產分佈最集中的地方。

　　「侗族文化生態保護實驗區」主要以靜態保護為主。其保護方式與保護內容可歸納為：三省區發展侗族文化旅遊名錄整體保護；收集、整理資料，建立資料庫和數位博物館，對三省區資料進行全面真實地記錄和歸檔；建立三省區侗族非物質文化遺產專題博物館和傳習所，為展示侗族文化及培養傳承人創造必要的條件；作為固定的活動場所，使三省區侗族傳統文化活動、傳統生產及生活方式得以交流、保護與傳承。〔註4〕

　　但是劉魁立研究員擔心對文化遺產的過度活化所造成的傷害現象；他在文章中描述的現象在不少地方存在，以後也會大量出現，「在很多地方，民眾的生活方式被當作旅遊的資源加以推銷，莊重的儀式、禮俗成為日復一日的表演，寄寓其中的民眾情感自然就會逐漸淡化，使這些非物質文化遺產的功能發生了根本的轉變，雖然在形式上仍然保持著原來的面貌，但被抽掉了情感和靈魂，被空洞化、異化了。」（劉魁立，2007）其實這一現象如同傳統文化在每一時代必定會面臨的轉化過程，如何適應？如何轉化？這些問題，在

〔註4〕2013 年 7 月 15 日於雙江鎮，訪談石佳能。

各國各時代的轉變就有先例可以借鏡。在中國現代社會的基本架構下，即政府、學者、民眾三者的配合，以及市場機制的制衡之下，正應該考慮的是其扮演的角色，如何配合才是能達最好的效果，在這非物質文化遺產保護與活化過程中，更應注意以民眾為主體，學者輔導，政府支緩為原則，讓時代性的市場機制自然的轉化。

三省區的「核心區」以及「周緣區」的侗族文化特色大體相同，如薩文化、款文化、鼓樓和迴龍橋建築文化、蘆笙文化、侗歌和侗戲、飲食文化、居住文化、農耕稻作文化等等，都大同小異，差別較小。如果有差別，那也只是各地保留下來的原生文化種類多一些或少一些的問題。目前三省坡地區的侗族文化生態保護總體情況良好，無論「核心區」還是「周緣區」，各縣政府都比較重視縣內本土文化的保護，採取了一系列有效的保護措施，如開展當地文化普查、民族文化遺產申報、民族文化進課堂、民族文化傳承人評選與申報、民族文化資料整理、鼓勵民族節日活動等等，均取得了一些實際效果。相較之下，黎平、通道、三江、從江、榕江等五縣成績較好，保存的原生文化種類也相較更多一些。

關於探討文化生態保護區這一議題，方李莉提出一些思考方向：1.學者和文化政策的決策者一定要關注活化與保護之間的關係。面對文化遺產，現在多數人只敢提保護，不敢輕言活化和利用。但是實踐已走在理論的前方，文化產業、旅遊業的發展就是這種實踐的結果。如果學者不能正視這一現實問題，不做認真的田野調查，就不會理解社會的真正需求，就不會發現在現實生活中保護與活化所暴露出的種種問題。2.有關文化遺產的保護及活化利用必須研究先行。在沒有任何記錄研究或保護措施之前，一定不能活化和利用。現在非物質文化遺產保護的熱情甚高，但真正的深入研究尚未起步。3.喚起當地民眾「文化自覺」的意識。生態博物館的理念不是要讓其所保護的社區文化永遠不變化，而是要讓其在變化中仍然保持自己內在的生命力。這種變化，不是外界強加的，而是自然發展的，自主發展的。這就需要當地的民眾包括政府具有文化自覺的意識，具有對自己文化的熱愛和自信。（方李莉，2007）基本上筆者認同方李莉的看法，文化生態保護區與生態博物館有著幾乎一樣的理念，可以明顯地看出，後者是前者重要的理論來源。方李莉基於田野的認識，乃切膚之感，意義深遠。以通道縣目前的政策來說，就是積極發展旅遊業，推行侗族文化體驗行程，組織專家學者文化普查團隊，所蒐集到的侗

族文物以及相關資料，若是僅收藏於博物館或是文化機關當中，等待往後再行運用，這樣只會處於被動的保存。然而通道縣對於普查資料採取公開的出版與展示推廣，部份資料透過舉辦研討會的模式發表，經由討論，從中獲取有效的非物質文化遺產保護與活化方案，提供旅遊業運用。在多次研討會中，讓民眾瞭解政府對於非物質文化遺產保護的規劃，並具體地討論如何提高民眾參與保護的意願與行動；以活化侗錦織造技藝等非物質文化遺產項目帶動其他文化活動。此一跨越保護項目，整合生態資源的作法將有助於逐漸降低外來文化所帶來的不適應，期待能透過此一生態實驗區的概念是適合侗族和諧社會的模式。

「文化生態系統」是由自然環境、經濟環境和社會組織環境三個層次構成的「自然－經濟－社會」三位一體的複合結構。非物質文化遺產離不開其生成發展的自然環境、經濟環境和社會組織環境。非物質文化遺產首先是自然環境的產物。自然環境是指「被人類改造、利用，為人類提供文化生活的物質資源和活動場所的自然系統。」（馮天瑜等，2006：9）文化生態保護區是中國非物質文化遺產保護和文化生態保護的新探索，主要在現實存在的活文化與孕育此文化的生態環境相結合，實現民族民間文化的原地保護。促進中國文化遺產保護工作進入一個活態、整體性保護的新階段。在研究中國文化生態保護區建設方面的問題之前，首先要討論關於「文化生態保護區」的基本理論問題。

中國文化生態保護區的建設，同樣是依據非物質文化遺產保護「政府主導、社會參與，明確職責、形成合力；長遠規劃、分佈實施，點面結合、講求實效」的工作原則，文化生態保護區的保護主體是由政府、專家和民眾三方組成。因此，各級政府是文化生態保護區首要保護建設的主體。各文化生態保護區所在地的各級政府編制該保護區的總體規劃、實施細則和有關的地方性政策法規，同時設立保護區建設的專項預算；各級政府、文化主管部門和有關機構共同組成保護區工作指揮小組，具體實施文化生態保護區的建設工作。

由於侗族主要分佈在貴州、湖南、廣西三省區交界範圍當中，三省區的理論和實際工作者對侗族非物質文化遺產的保護、傳承和活化進行了多年的研究和探討，但是由於行政區劃的限制，湘黔桂三省區幾乎各自為政，存在著諸多不足。諸如在研究規劃時，沒有將侗族非物質文化遺產的保護、傳承

和活化視為一個「整體」來看待，對其缺乏一個「全景式」的整體推動策略；各省區、甚至各地州、市政府形成「三國鼎立」的局面。其次，各級政府因為行政區劃造成的本位意識，使三省區政府有關部門只注重自己轄區內侗族非物質文化遺產的保護、傳承和活化工作，缺乏行政區域間的合作意識。特別是黔湘「夜郎之爭」後，相關的資訊交流和經濟合作更是阻礙重重。

事實上，區域經濟的合作發展為文化協作可以提供相關執行方案的經驗。從文獻中得到，黔、湘、桂侗族地區區域經濟的合作從 20 世紀 80 年代的電力、木材、煤炭等物質貿易為主，發展到至今的共同活化市場、共同完善交通基礎設施建設，取得了可喜的成績。侗族區域經濟合作的經驗應該足以為侗族非物質文化遺產跨區域保護、傳承和活化提供良好的借鏡。

其次，文化生態保護區的建設是一項專業性很強的工作，因而離不開專家或學術機構的理論指導和支持。中國非物質文化遺產保護中心和國家非物質文化遺產保護工作專家委員會是中國文化生態保護區建設工作主要的學術支援單位。

目前，研究侗族地區文化發展較大的民間機構是「中國少數民族文學學會侗族文學分會」及湘黔桂三省區的侗學會，它們的主要活動局限在開展一些學術研討和交流活動，在文化傳播、傳承、保護和管理等方面的作用十分有限。僅僅靠這種民間機構要完成侗族非物質文化遺產的保護、傳承和活化是不可能的。在官方機構方面，各地的民族委員會或文化部門履行著主要的職責，但這些機構只對本行政區劃內的侗族非物質文化遺產履行職責，無職權、無義務跨行政區劃開展相關工作。因此，侗族文化生態保護區有必要透過行政程序的支援推動下，三省區聯合設立「侗族非物質文化遺產保護發展中心」，並建立健全一套可行的規章制度。

第二節　文化旅遊與文化遺產保護的和諧共生

一、侗族地區文化旅遊的活化與再生

無論是侗錦織造技藝傳統，還是民間歌舞與地方戲曲，民俗節慶或是傳統手工藝品，如侗戲、蘆笙、大歌、口笛、干欄式建築技藝等等都是侗族的非物質文化遺產，這些文化構成了民族的文化元素，承載著侗族的文化基因，是族人歷代傳承累智慧的結晶，體現了湘黔桂三省區域內人們適應自然、樂

觀生活的智慧與其獨特的審美情趣，並且在代代相傳的過程中不斷發展完善，承載著地方綿延數代的文化基因。因此，對非物質文化遺產的欣賞和理解，可以領略最大程度地方民間文化精華，把握地方文化脈絡，深入體驗地方文化。

　　從旅遊者的角度來看，旅遊行為本質的推動力就是一種「求異」心理——尋求異質文化體驗。美國人類學家 Valene Smith 把旅遊方式分為五種：「民族旅遊」主要是以奇異的風土人情來吸引遊客；「文化旅遊」主要是以參與和感受地方文化為主的旅遊；「歷史旅遊」主要是參觀歷史遺跡，古建築等；「生態旅遊」主要是指到邊遠的地方去旅遊，感受大自然的純淨；「娛樂性旅遊」是指到大自然中享受太陽、沙灘、大海等純娛樂活動。（Smith, Valene，1977）可以說除了「娛樂旅遊」、「生態旅遊」其他都是為了尋求一種異文化體驗的旅遊，因為進行這樣的旅遊，其目的是為了增長知識，緬懷歷史，瞭解異地的風土人情。近年來全球範圍內「文化旅遊」、「遺產旅遊」及「懷舊旅遊」的普遍興起正反映了人們的此種心理需求。

　　對於民族文化旅遊的定義，眾多學者還沒有統一的意見。Wood 曾指出民族文化旅遊主要注重「那些決定一個特定民族的文化活動」，或者「關注古雅的土著民族及其習俗」。（金毅，2004）Smith 認為民族文化旅遊是「把古雅的土著習俗以及土著居民包裝成旅遊商品以滿足旅遊者的消費需求」。（吳曉萍，2000）馬曉京認為，民族文化旅遊是「以少數民族民族文化為特色的觀賞、娛樂、商品及服務」。（馬曉京，2000）國際著名的旅遊人類學家柯恩將「民族文化旅遊」定義為：「針對在政治上、社會上不完全屬於該國主體民族的人群，由於他們的生態環境或文化特徵或獨特性的旅遊價值，而進行的一系列觀光旅遊。」（Eric Cohen，2001）美國旅遊人類學家 Bruner 認為，民族文化旅遊涉及到這種情形：「國外或國內的旅遊者通過旅遊可以觀察其他群體，而這些群體不僅被認為有明顯的自我認同、文化和生活方式，而且他們通常被貼上諸如種族、國家、少數民族、原始、部落、民俗或農民的標籤。」（Edward M. Bruner，2001）也有學者認為，民族文化旅遊是指「以民族文化為載體，而開展的系列旅遊活動」（金毅，2004）等等。而筆者認為，一個民族的文化是否具有吸引遊客，取決於它能否開發民族文化旅遊的一個基本標準，換句話說，民族文化旅遊是以某一國家或某一地區的民族文化為基礎，以某種方式或從某種角度對於其形式及內涵加以產品化體現，以提供旅遊者某種旅遊經歷的

系列旅遊活動。其中民俗是一個國家或一個民族傳統文化的承載體，民俗文化是民族文化的重要內容之一，是民族文化較直接的和外在的表現形式，是較易觀察到的文化現象，是瞭解民族文化最好的視窗，因此民俗旅遊開發和研究也就成為國內外民族文化旅遊開發和研究的一個非常重要的領域和最主要的表現方式。

透過旅遊策略與文化關聯最為密切的行業，在中國自然成為非物質文化遺產活化利用的主要手段之一。很多成功案例也表明，正是旅遊發展促使了非物質文化遺產的保護。如臺灣排灣族的琉璃珠文化即是在媒體宣傳之餘，透過旅遊持續的推波助瀾下得到復興與傳承，從「瀕臨全面崩潰的邊緣」到今日成為一種吸引國內外遊客，推動排灣族地區全面繁榮的主要文化因素。而國外許多旅遊人類學者早期的研究也表明旅遊加速了當地文化與外來文化交融的步伐，引入了新的文化因素，遊客的到來，刺激了當地傳統藝術、手工藝品等的復興：Mckean（1989）對 Bali 的研究、Cohen（1979）對 Thailand 的研究，Boissevain（1979）對 Gozo 與 Malta 的研究，都認為旅遊是促進當地文化發展的良性或有益途徑。

然而，隨著各地對非物質文化遺產在旅遊業開發利用的範圍逐漸加大，旅遊業在非物質文化遺產「保護者」的身份逐漸受到質疑，「旅遊性破壞原生態文化」、「商品化」、「舞臺化」等斥責聲不絕於耳，旅遊活動成為非物質文化遺產保護的「雙刃劍」。事實上，在旅遊對非物質文化遺產活化利用的過程中，有些地方「重申報，輕保護，重開發，輕管理」，借「經濟搭台、文化唱戲」的機會，片面地改變對活化的應有之意義，異化、扭曲甚至醜化非物質文化遺產，有的名為「創新」、「變革」實則指鹿為馬，不倫不類，有的追求其形而失卻其神，這實際上是對非物質文化遺產的一種糟蹋和摧殘。

「在當代文明的條件下，隨著旅遊產業的開發，隨著商品市場開發的形成，任何人為的『保護』都不可能不伴隨著各類效應與各種利弊，它的本質上都是一把『雙刃劍』，舞弄得不好，會對民族民間文化不利。」（陳綬祥，2004：9）

比較文化理論是研究旅遊地非物質文化遺產影響的基礎，它解釋了旅遊地社會文化及非物質文化遺產發生變遷的根本原因。涵化（acculturation）是比較文化理論的基礎，屬於人類學的專業性概念，它是指不論人們願意還是不願意，只要發生文化接觸，其社會文化就會發生變化。由於不同的文化交流與接觸的形式多種多樣，「涵化」的形式也就多種多樣，其中「借入」

（borrowing）是一種重要的形式和因素。這種「借入」通常是雙向的，每一方都會透過「借入」另一方的文化因素使自己的文化發生某些變化。根據這樣的原則，文化涵化的發生自然存在著兩方面的因素：一種是外來因素的介入，使之對某一種原生性的文化發生作用，進而發生變化。另一種是內部因素，即視一個群體或族群的內部凝聚力、認同力、承受力，以面對來自外界因素影響和作用時的承受能力。但無論如何，涵化必須滿足兩種文化的交流和接觸這一基本條件。（彭兆榮，2004）

侗族地區在進入九十年代時，民間文化藉由政府政策下的「文化搭台、經濟唱戲」的普遍共識，但許多醉翁之意不在酒的文化利用方式同樣給予侗族原生文化帶來成沉重的打擊和傷害。許多被迫以變異形態出現的原生文化將可能從此永遠變異，難再恢復本來面目。進入二十一世紀初，國家實施西部大開發戰略轉移，少數民族原生文化再度引起學術界重視，並呼論搶救、保護和活化利用的聲音此起彼落，侗族原生文化再次來到一個重要的選擇關鍵路口。目前文化資源的活化和利用大多以旅遊開發為主。先後提出了發展旅遊業為龍頭產業，以開發旅遊經濟為突破的口號。所以在許多地方紛紛提出要建立文化資源大省和文化產業大省的口號。侗族的原生文化也是在這樣的背景下被推到旅遊開發的前台的。在旅遊活動中，當兩種不同文化接觸時，不論時間長短，雙方都可以「借入過程」（borrowing），使兩者差距縮小。但是，這種借鑒過程並不是對等的，有較多的程度是受到接觸時處境的性質、接觸雙方的社會經濟狀況，以及雙方人口數量差異等因素的影響，也就是人們常說的「強勢文化」、「弱勢文化」。旅遊者如果來自經濟發達的國家和地區，因其社會經濟狀況而使其所帶來的文化呈強勢，而接待地是文化發展意識較低的地區，其文化相對呈弱勢。當兩種不同態勢文化接觸時，形成一種「文化勢差」，通常是弱勢文化要在傳統習俗、價值觀等方面更多地受強勢文化的影響，並被這種強勢文化不斷消融。因此在外來文化衝擊下，當地文化會被外來的強勢文化所同化，使得傳統文化逐漸衰退；因此，有學者直接將這樣的旅遊視為「帝國主義形式」。（Crick，1989）

透過通道縣目前開發侗鄉旅遊的實踐，基本上有三種思路和模式：一是對侗族原生文化的直接活化利用，即不必進行較大的資金投入，就直接把侗族原生文化保持較好的村寨開闢或改造為民族旅遊村，如皇都侗族文化村即是讓遊客直接體驗到所謂原汁原味的異文化的魅力；其二是在一些旅遊景點

重新挖掘、整合並注入侗族原生文化的內容，如芋頭侗寨就是透過學者專業進行研究，以加強和豐富旅遊景點的文化內涵，從而吸引更多層之和更多類型的遊客：其三是直接建造具有傳統侗族文化風格的現代文化公園，例如通道縣「獨岩侗民族風情園」，即是使一些遊客能在便捷、輕鬆、舒適的環境條件下，也能品味到侗族原生文化給人帶來的樂趣。（馬曉京，2004）

在以上所言的三種活化模式中，最令人擔憂也是最為人談論的是第一種模式，即直接活化利用模式。絕大多數的學者都認為，這種活化方式對於侗族原生文化的損害最大，因為是直接將現代文明引入傳統社區之中，很容易引起傳統文明秩序在尚未提出計畫的情況下迅速崩潰瓦解，最終導致侗族原生文化的徹底變異和消亡。根據筆者前往多次的觀察與個案調查，認為實際的情形並不一定全然如學者想像的那麼嚴重，但也並非不需要去考量類似的問題。目前的情況來說，通道的活化模式有成功的，也有失敗的。成功的即是既能保持原生文化的生態環境免遭破壞，又實現了旅遊開發和經濟增長，是一種雙贏的局面；而失敗的則剛好相反，犧牲了原生文化的生態環境為代價，換取有限的經濟增長。其主要關鍵在於開發者的指導團隊中，大部分以經濟增長而沒有文化保護的概念，這樣的活化注定無法永續經營。而考慮到原生文化的保護的案例，它除了得到在地侗族的認同與支持，同時也可以持續保護、利用，甚至於多元開發再利用。

通道縣在開發產品的定位上，在旅遊區內，以濃厚的民族風情為特色的文化旅遊區，包括開發傳統建築、蘆笙表演、歌舞表演、飲食、傳統體育、節慶活動在內的侗族文化觀光、體驗型侗文化旅遊系列產品。

開發再利用規劃則具有侗族特色的文化村－在侗文化村內集中展示區內侗族村寨的典型建築（鼓樓、迴龍橋、涼亭等）、侗族服飾、侗族工藝和侗族民俗，成為侗族文化的大薈萃；既能體現重要的審美價值，又能保存特殊的侗族歷史傳統文化。在開發再利用侗族文化商品，則以侗族工藝品和特產品為主。如侗錦、銀器、雕刻、編織等民族工藝品，葛粉、蕨粉、筍子、罐頭等加工精品。這些侗族文化產品，有著豐富的侗文化意涵，實用性強，紀念意義較大。若能擇優開發再利用，不但豐富文化旅遊內容，也可以透過這些產品本身達到宣傳文化的媒介。

旅遊本身具有追求自由和美的本質，它能使廣袤的大自然不斷納入自己的審美視野。旅遊者可以遊覽秀麗的自然景色、憑吊歷史文物古蹟、領略異

地的風土人情、品味他鄉的飲食文化，來增加各個方面的知識，擴大視野，提高審美水準。甚至還會激發出旅遊者旅遊方面的研究興趣，引導其走上另一條人生之路。種種事實證明，旅遊文化具有增長人們的文化知識，提高人們的文化層次和文化修養的教化功能。旅遊活動的重要目的就是感受美，獲得美感，而美就蘊藏在旅遊文化的客體－旅遊文化資源之中。世界上各個民族都有著獨特的民俗文化，旅遊者會深深感受到各民族獨具特色的民俗之美。（鐘賢巍，2004）

　　只有文化產業的市場化、規模化營運，以滿足人們的文化精神需要，才能使各項非物質文化遺產擁有得以繼續存活下去的空間。（黃勝進，2006）非物質文化遺產的發掘整理是基礎，認真加以研究利用是手段，形成產業並充分滿足人們的文化精神消費是目的。只有形成產業，產生強大的經濟效益，才會使非物質文化遺產發揚光大。從非物質文化遺產的保護與活化的關係看，沒有保護的活化，是不可持續的；而沒有活化的保護，同樣不可長久。

　　侗族地區以發展文化旅遊為紐帶，促進非物質文化遺產跨區域保護和活化。文化旅遊是當今侗族旅遊形態中最吸引人、最長久不衰，以及最能產生高附加值的旅遊形態。近年來，侗族文化旅遊發展的方向，是使侗族文化在與當今現代主流文化的交融中不斷地提升自身的價值，使侗族非物質文化遺產在動態中得以保護和發展。同時正在規劃，趨向三省區積極合作，共同規劃文化旅遊市場。主要提出的作法：（1）共同打造「侗族文化旅遊圈」。「三省坡」地區有著良好的自然生態環境，同時又是侗族原生態文化聚集地，因此，以「三省坡」作為「侗族文化旅遊圈」的核心，並逐漸地向周邊地區發展新旅遊線路，將是加強侗族文化旅遊的可行之舉。（2）聯合活化具有侗族特色的旅遊產品。侗族文化旅遊的發展，離不開侗族特色旅遊產品的活化。目前，三省區都有了一些具有自己地方特色的旅遊產品，如湖南通道的「侗錦」、「蘆笙」、貴州玉屏的蕭笛、廣西的「迴龍橋」模型等。但由於各自為陣，缺乏較強的經濟實力和較大的旅遊市場，這些產品難以上規模、出品牌，行銷之路將越走越窄。所以，聯合活化具有很大的現實意義。

　　在經過田野調查、文獻研究與居民態度調查後，綜合研究者與當地居民兩種視角，對旅遊對當地非物質文化遺產的影響進行進一步的抽象概括，以更明確其影響表現和影響效果，為進一步揭示其影響機制提供事實依據。通道侗文化長廊與三省坡文化生態旅遊與當地非物質文化遺產基本符合侗族傳

統的「和諧共生模式」，目前呈現出非物質文化遺產保護與旅遊業發展平衡的局面，當地居民也對旅遊普遍抱以支持歡迎的態度，但一些負面效應也開始顯現。文化旅遊地的保護問題困擾著社區的居民，也同時困擾學術界。筆者認為文化的保護不應該阻礙文化的自然發展，保護應該是讓文化順其自然的發展，讓村寨族人接受新的先進文化的同時，自覺的不遺棄本民族有特色的優秀傳統文化。這才是文化保護的理想狀態。在這種理想狀態下，村寨旅遊實現可持續發展的同時，村寨的經濟得以發展。

二、文化商品化的相關探討

關於「文化」的定義，歷來有不少爭論，各門各派都有不同的定義。文化所指涉的範圍相當廣泛與複雜。著名人類學家泰勒（E. B. Tylor，1871）認為文化是：「一個綜合的整體，包括知識、信仰、藝術、道德、法律、習俗以及其他作為社會一分子所獲得的任何能力與習慣。」（連樹聲譯 2005）也就是說，文化是與人類的存在與發展有密切相連的關係，它展演著人類社會歷史的發展、生活物質與精神需求的價值創造以及命運選擇的脈絡等。

另一方面，「創意」是指產生新事物的能力，亦即指一人或多人概念和發明的產生，而且這些概念和發明是原創的、獨特的並且是有意義的。（Howkins，引自李璞良譯，2003：150）Sternberg 則將「創意」視為是一種思考型態和心智模式，所謂思考型態是一個人如何利用發揮他的智慧，選擇用哪種能力的方法；有創意的思考型態是為瞭解某個特定問題，寧可質疑社會規範、真理及假設，隨時依情境應變，自己尋找制訂規則，應用到生活上。（Sternberg，1988：125～147）

所謂產業，一般而言，具有三項特徵：1. 大量生產的產品或服務，服務大量的顧客；2. 標準化的生產流程：確保每一次的產品或服務，提供差異不大的品質；3. 自給自足：生產者透過市場機制直接從消費者手中取得回報，並承擔經營風險或分享利潤盈餘。（楊燕枝、吳思華，2004：114～117）由於全球化與科技資訊發達這兩項因素，促成文化創意產業的產生，並成為全球化的潮流、一個新興的產業。讓創意文化與商業結合，改變文化與人之間的社會關係。文化產業和創意產業結合。

有些人會擔心，文化藝術走向市場成為商品有悖於其藝術追求的高雅品質而庸俗化。事實上，在發展文化產業時，考慮的只是文化可被產業化的部

分，考慮的是全新的經濟概念。「創意」是引發人對此新產業的理解，揭示出該產業發展和產生可持續經濟效益的原動力是創造性和創意，從產業自身發展動力的角度來強調文化重要意義。如果文化沒有創作、創新、發展，就沒有生命力，就會落後。根據創意產業的定義，音樂、表演藝術等傳統文化內容和廣告、建築、設計並列出現，只是創意產業概念的一個子集，而文化藝術產品最終能否適應市場而實現可持續發展也依賴於是否擁有好的創意。因此，創意產業概念的精髓是創新，是以尊重和支援包括文化藝術在內的任何人類精神追求的創新和提升為原則，將文化與產業巧妙地結合在一起。

綜合以上分析，創意文化某種程度的產業化對整個社會，或創意族群均有正面的意義。然而，文化是一種生活、歷史、活動與主張的泛稱，是一種帶有感性與理性所交織的抽象概念。以往「文化」經常以「資產」的概念加以稱之，就像是先人所遺留下來的「文化資產」等說法，這樣的概念無法完全給予文化創新的可能性，同時亦有可能成為文化發展的阻力。因此，近年來有人以「資本」的概念來取代「資產」的概念，來面對「文化作為地方發展的資本」這個論點亦作為本次論文所探討的基礎。

（一）文化「商品化」與商品「文化化」

傳統手工藝品是歷史的產物，是透過勤勞與智慧的結晶創造出來的。在社會快速發展的進程中，市場經濟已進入到侗族民間重要的思考邏輯。文化的也演變出許多新的商品與行銷概念。以全球化文化邏輯具體來說，就是文化生產和商品生產的關係日益緊密。簡言之，概括為商品的「文化化」和文化的「商品化」。非文化性商品（如一般工農業產品和消費品）的「品牌性」、「廣告性」亦即文化、符號性越來越強，資訊時代的資訊商品、文化商品（如傳媒、影視、電腦網路等）更是當代社會的重要商品。自從由中國西部文化生態工作室推動的「中國西部人文生態保育和生態旅遊發展計劃」以來，主要致力於中國西部地區人文生態的保育和傳承，並配合地方政府協助當地居民積極培育鄉村文化產業、發展社區經濟，特別是倡導開展促進自然和人文生態可持續發展的生態旅遊活動，文化商品化與商品文化化一直是政府推動相關地方產業再造的重要政策概念。湖南省近年來對於文化概念的轉變，使「傳統文化」成為懷念、消費的對象。「傳統文化」透過了文化仲介者的改造後成為「文化商品」。以侗錦為例，「文化」與「商品」的結合，形成了「商品文化化」、「文化商品化」的現象，「文化」與「商品」的分界難以辨別。

　　當侗錦文化進入旅遊活動商品化後，相較於其他傳統手工藝，侗錦發展似乎存在著某些問題。例如其一，通道縣因地方偏遠，旅遊事業發展較慢，所帶動的侗錦旅遊紀念品尚待開拓市場，以擴大侗錦需求；其二，目前侗錦製作出來的種類以傳統侗錦為主，還在適應當代創新需求的階段；其三，在近年侗錦公司創新的紀念品當中，部份缺乏民族特色，亦有部分將民族元素混淆；其四，侗錦創意商品檔次與附加收藏價值等層次不明；其五，因為需要外界提出設計，而經常處於被動開發文創品的能力；其六，最欠缺的即是沒有民族品牌化，缺乏與外界競爭的實力。目前侗錦旅遊紀念品市場缺少的是擁有侗鄉在地特色和文化內涵、富有創新又能攜帶方便的紀念品。並且依生活實用價值、裝飾價值到收藏價值，分層類別開發侗錦文創品，分析各類別的潛在消費者。

　　事實上通道縣在上海華東大學舉行的以「展侗族瑰寶，傳民族風情」為主題的「錦·尚」的文化展中，得到許多廠商洽談合作的機會。侗錦在得到各侗族地區政府的大力推介與媒體的不斷暴光之下，應當擁有很好的發展。在侗錦運用現代旅遊紀念品設計中，也有不少成功的作品。在進行田調分析後，不可否認侗錦產業的發展是落後的，但是應該在檢討以上缺點之餘，更需要分析成功作品的優點。

　　在文化「商品化」的例子中，通道縣將侗錦文化在轉化為旅遊紀念品設計，從侗族文化的禮俗寓意中尋找題材，這樣的旅遊紀念品，無論作為自己留念，還是饋贈給他人，都以「心在、禮在、寓意在」的寓意。侗錦紀念品作為禮品饋送給對方，為了表達對受贈者的情感。

　　侗錦中各種圖騰崇拜都代表著美好的祝福與期望。將美好寓意融入到紀念品設計中、融入了對旅遊地的喜愛與無限思念，以此去感動對方。如侗錦書、筆記本等文具用品的相結合，產品的封面加上紋樣寓意的烘托，寓意受饋贈者是有學識之人，希望他能有更多更好的成就。紋樣形式的多樣化，直接反映出侗家人民勞動和生活的豐富多彩。將侗錦紋樣巧妙的運用到生活家飾品上，使之增添了情趣化元素。設計出的沙發背墊、沙發扶手墊、茶几墊、電視機防塵罩、空調防塵罩等含有侗錦元素的家居裝飾品。在家居裝飾品的選擇上，人們往往會選擇同一系列的顏色或圖案相同的元素來搭配，構成客廳整體的協調美。沉鬱冰冷的電器設備配以柔軟新穎的軟裝飾，顯得古樸優雅而又不失時尚簡約感。原始質樸而又優雅隨性，讓更多的人喜歡上侗族風裝飾，引發出一種吸引的親切感，帶給居家裝飾創造出寧靜的氛圍。

圖 6-1：侗錦茶几墊（桌旗）（劉少君攝影）

　　另一項商品「文化化」的成功作品。因為侗錦是由紗線織造出來的，不像普通的布那樣可以隨意剪裁，而且侗錦上的紋樣佈局大多為矩形、菱形等規矩排列，所以在設計時必須考慮到用料的大小，紋樣的佈局，才不會失去「錦」的寓意。「錦・魚」設計是原有年年有餘的布偶裝飾品，它巧妙的運用了侗錦的精髓，又給居家裝飾增添了新的「外衣」，同時產品的功能也巧妙地搭配上去，具有明確創新的實質價值。「錦・魚」設計創意來源於侗族圖騰崇拜的「魚崇拜」觀念，將魚的形象做了少許的處理，顯示可愛的動態美。「魚」在侗家象徵著生命力的強盛和人丁的興旺，同時顯示了侗族求吉祥、安樂、平安、豐收的期盼，祈禱吉祥神的降臨。可愛的造型、鮮明的配色，給予家居增添更多的活力和樂趣。

圖 6-2：「錦・魚」布飾（劉少君攝影）

　　由以上優良的侗錦文創設計案例，說明了文化商品的設計應該與一般商品有所區分的，它需要多些結合文化性、藝術性的思維規律，比一般商品更加深度考慮文化意涵的精神價值；並且在造型上結合當代喜好的典型形象，多元的營運巧思。因此，讓文化商品注入審美內涵的情感表現，以引起消費者輕鬆的與內心產生共鳴並且得到精神上的喜悅。就如著名的藝術哲學家黑格爾提出：「藝術興趣和藝術創作通常所需要的卻是一種生氣，在這種生氣之中，普通的東西不是作為規則和權威而存在，而是與心境和情感切合為一體而發生作用。」（黑格爾，1979：14）因此，讓侗錦文化融入當代生活中時代意義的形象、細節和情境，並且加以藝術表達，是侗錦文創商品獲得「審美藝術的素養屬性」。表達侗錦文化價值與大眾經驗情感的結合，侗錦文創商品將更具有文化內涵，同時亦能展現文化多樣性的能力。文化創意商品的設計，重點在於其背後的故事性，每一個商品的產生，是否包含著文化意涵、能不能說出商品的故事，這點相當重要。因此，一個商品的誕生，除了具備有文化傳承的意義，並加入創意成分，更要賦予故事性，讓商品本身就是一個文化的展現。

（二）文化再現與文化真實性

　　所謂的民族文化是經過民族群體一致認同，為本民族共同遵守的行為範式、價值體系、民間信仰和民族精神，世代傳承，至今而得以存留、成為民族的靈魂。一旦喪失了民族文化，也意味著該民族的消亡。另一方面，民族文化亦非一成不變的，它是一個動態的，它在歷史上為求提升生活的舒適度而被逐漸被創造出來，也隨著不同時代的生活需求而改變。現代資訊與交通的發展，加上與外來文化頻繁的交流，將造成民族文化的迅速改變。因此，想要一陳不變地保存在地的民族傳統文化幾乎不太可能。

　　民族文化的繼承、保護和旅遊開發緊密結合起來，以建設優質的旅遊地區，活化當地的文化資源，帶動相關產業的發展，進而讓已走向僵化、封閉的民族文化獲得新的活力，邁向一條可持續發展的軌道。儘管民族文化旅遊資源的商品化，使得部份文化成分不可避免地喪失了原有的內涵，並被賦予新的意義，但是，難道真的希望僅重現以往不適應現代生活的民俗文化嗎？

　　隨著旅遊業的不斷發展，現代旅遊活動已變成一種大眾文化活動，具有商品性、娛樂性等消費特徵，許多旅遊者尋求「符號消費」，以文化獵奇的心態來審視非物質文化遺產，這將形成非物質文化遺產在旅遊開發過程中，為

滿足遊客的消費心理而有商品化的趨勢。旅遊工藝品是在旅遊業發展中產生的一種新產品，它是民族文化的重要載體，它的本質內涵是民族文化商品化。文化、技藝與民族生態環境，將旅遊工藝品開發與民族文化商品化連結在一起。對於非物質文化遺產作為旅遊開發的重要資源，民族文化商品化一直是旅遊人類學家爭論不休的議題，這些爭論主要是圍繞「商品化」和「真實性」來展開的。如何在「商品化」和「真實性」之間尋求和階共生的局面，在文化真實性的基礎上實現商品化，突顯文化的真正價值將是討論的關鍵。

　　一般對「文化價值」的概念是在人們的文化生活方面具有意義的文化性價值，這裡的「文化」尤指精神文化。文化人類學所提出的文化價值則指一種文化能經常地滿足人的需要，包括文化需要和生理、心理需要的功能。近年在討論文化市場時，亦有學者提出文化產品的使用價值議題。（莊思晦，1994：10）試圖尋找民族發展的出路，將傳統文化轉化為商品，並進入市場交換的場域中，以改善經濟生活或擁有社會地位。

　　然而在現存政策的運作下，大部份已成為民族（文化）認同運動的代言詞；而文化商品化，則是為了經濟利益而將文化納入商品的過程。在文化創意設計中，將傳統文化賦予新的意義與形式，結合商業的操作成為「文化商品」。因此文化認同和文化商品在侗族村寨中互為交融，時常以文化認同或以文化再現的名義，推銷觀光商品或是辦理表演活動。大部份侗族村寨，以各式各樣的「侗族文化」作為觀光行銷賣點。將村寨景像形塑為適合觀光的地方。

　　文化資源是否應該商品化的議題，基本上，在資本主義的邏輯之下，商品交易猶如一刀兩刃，可以帶來財富與建立村寨主導權的同時，也因為依賴市場機制而失去了抗拒變遷的能力。通道縣目前正在實施侗族文化旅遊開發的皇都侗文化村、芋頭古侗寨體驗生活、百里侗文化長廊、坪坦侗寨旅遊開發、侗錦文創商品設計等 5 項文化產業專案。並建立湖南侗錦博物館、侗錦非物質文化遺產傳習所、侗錦展示廳等場館建設，以奠定侗錦文化產業發展基礎。而在皇都侗族文化村，引導觀光客去接觸「異族風味」的侗族文化，提供休憩觀光與視覺感官滿足，也提供部份侗族的就業機會，或者可以帶來村寨觀光產業的機會，對於相對經濟弱勢的侗族而言，文化展演是具有難以抗拒的吸引力。臨近通道縣城的皇都與芋頭等侗族村寨，時常舉辦鬧春牛、打三朝、六月六、薩瑪節、混水摸魚、蘆笙節、鄉土風味餐以及文化體驗營等系

列的文化展演活動，近幾年來，村寨觀光藉著政府的補助以及業者的投入，
儼然成為現在侗族村寨的文化經濟發展道路。

但是絕大多數的侗族族人最為關心的仍然是如何確保擁有穩定的經濟收
入，無論是留在村寨依照市場的連結販售侗族的文物資源、手工藝品、加工
品等增加收益，以達到自足的生活需要。於是民族認同與文化商品化，一直
同時存在，以文化為名的商業包裝，也成為認同的形式，在村寨成為造景的
元素，如民宿、藝品店、休閒步道、鼓樓和迴龍橋，處處可見的商業意象，都
成了文化再現與認同的符號，觀光商品愈發達，村寨的「文化意象」也愈豐
富。

社會交換理論（Homans，1961）簡單說，是當旅遊地居民認為自己的「所
得」大於「付出」就會對旅遊持積極肯定態度，並樂意用自己的資源與旅遊
者進行交換。而目前當地侗族居民普遍認為旅遊業的發展促進了地方經濟的
發展，特別是恢復了原本古老村寨已經蕭條的經濟活力，提高了族人的生活
水準，並帶來與外界進行文化交流的機會，同時極大地提升了侗寨族人的文
化自信，對這些收益的感知是明顯和巨大的，而由於歷時較短，旅遊的負面
效應尚未完全顯示，居民也多認為在巨大的收益面前就算付出一些小代價也
是值得的，因此，總體對旅遊持樂觀肯定的態度，並繼續積極地支持、參與
旅遊業發展。

在商品化的過程，將會有部分真實性、地域性、歷史文化、共同記憶以
及傳統價值等產生變化。有人認為民族旅遊開發中的商品化將導致民族傳統
文化的扭曲變形，以致於喪失文化的真實性。如以往傳統習俗與慶典活動均
會選擇在特定的時間以及地點，按照傳統內容和古法舉行。又如，皇都侗族
文化村中所表演的節目當中，一項透用傳遞茶餅的遊戲，在參與觀眾中挑選
新郎，迎娶新娘的橋段。諸如此類，隨著開發觀光旅遊業，利用非物質文化
遺產中的吸引力因素，部分活動已經依照旅遊者的需要，將活動以舞臺化方
式呈現，同時為了迎合旅遊者的興趣，活動內容大幅縮短，以節奏鮮明的方
式展演在旅遊者面前。對非物質文化遺產所進行的失真展示，這樣的呈現雖
然保留了傳統的活動形式，但在已大幅度地失去了傳統的意義和價值，並對
非物質文化遺產內涵及其原生態文化造成極大地衝擊和破壞。對於在地人而
言，將會降低傳統文化的價值，同時也會喪失旅遊者對文化吸收「真實性」
的權利。持此種反對觀點最有代表性的是著名的旅遊人類學家葛琳伍德

（Greenwood，1977：171～186）在《切開零售的文化》中提出的，民族文化商品化後，不僅使當地民族對本土文化失去興趣與信念，而且還會使文化本身喪失原有的內涵，文化的真實性將弱化。也就是說，文化的真實性將弱化，失去了本地人的參與，文化就失去了靈魂，徒具軀殼。國內也有部分學者保持這種觀點。馬曉京（2002）認為商品化是迎合遊客需要而將文化隨意刪減、修飾，使文化「失真」，導致文化環境原生土壤遭到破壞；文化商品化的趨勢似乎是不可逆轉，但是它在一定程度上也會促進文化真實性內涵的發展與延伸。肖鵬（2008）認為商品化未必給真實性帶來破壞，反而有利於當地文化的繁榮發展，認為文化經過加工搬上舞臺，並非簡單的商品化，而是更好的藝術表現形式。

真實性（Authenticity）概念在 20 世紀 70 年代初被引入旅遊動機、旅遊經歷（Tourist，Experience）研究中。真實性可以理解為遊客對某些旅遊目的地渴望的一種旅遊體驗，主要包括旅遊客體的真實性與旅遊主體的本真性兩個方面。真實性意味著與生俱有的、不擾假的。瓦利（P. Vallee，1987）認為，真實性是旅者渴望得到並積極追求的一種經歷，這種經歷被認為是能夠讓旅者接觸不擾假的日常生活。文化真實性，是文化交流的理想目標，對於在異文化中長時間生活、以體驗真實文化為目的的人類學家都不容易實現，更不用說在特定時間、空間的特定旅遊場景中走馬看花的旅遊者。

另外，對於旅遊中的文化真實性問題，西方著名的旅遊人類學家科恩（Erik Cohen，1988：371～386）卻認為：所謂「真實性」取決於人們的感受，它並不等於原始，而是可以轉化的，同時也是可以被創造的。因此商品化使真實性喪失的說法是可以再討論的。最早發覺侗錦價值、深度研究侗錦的張柏如先生，也曾相當關注在侗錦織造技藝保護與傳承的議題上，面對侗錦的傳統技藝與創新圖紋的民族認同與學術價值也有所感受：

> 三中全會以後，見到新一代的侗女又開始學起織錦和刺繡來了，我為侗族傳統文化的復甦振奮不已。但我瞭解中國數千年的服飾演化的基本歷大，人類在不斷進化，物質生活與精神生活是隨著經濟發展而改變的。侗錦作為服飾確有逐漸消失的一天，目前的恢復不過是悠久文化發展的一個階段性的餘波。我為搶救侗錦的目的，因它屬於中華文化的一部分，不能認其絕跡，古老的藝術可以留作新時代生活的新用途，是文化回歸螺璿式發展的寶貴資料。例如幾十年

前，蘭印花布曾經是廣大漢族的服飾與被面染料，如今已不再使用
於穿著和夜宿的被面了，麻陽縣出產的錦江牌米酒，它的紙殼外表
是用傳統的蘭印花布紋樣；中國西南方的儺戲面具，人稱儺頭鬼臉，
如今作為名酒的陶瓷瓶裝。在國際博覽會上曾獲得重獎，這就是我
提出的文化回歸不同使用現象，也曾得到許多學者的認同。（張柏
如，1998）

一種嶄新商品化的民族文化，隨時可以被接受為「真實」，同時也可以賦
予民族文化的深厚內涵，成為最具吸引力的商品。文化真實性不是一成不變
的，它會隨著時間的推移以及同外部文化的融合與發展，文化的真實性內涵
會不斷豐富，並有所創新。況且銷售所帶來資金，亦可更新生產的技術與設
備，使商品更加完善，更具民族特色，這樣也算是另一種保護民族文化的有
效方法。真實性文化的再現，有利於對傳統文化的保護與傳承，而對原有「真
實文化」的再造，則是一種「文化價值延伸」，有利於真實傳統文化的拓展。

文化展示與呈現的真實性，在研究文化旅遊的議題時，對於旅遊者的想
法也是一個探討的面向。本研究由於受訪者均未對文化呈現與展演的真假問
題提出很多想法，因此本文並不針對此一議題作深入的討論。不過，對本文
的受訪者而言，喜愛文化遺產的他們因為對文化遺產有深度的瞭解，所以會
去思考看到的文化呈現與展演內容是真還是假，但她們也瞭解就算知道是假
的，亦無法改變大環境的趨勢，就當作是看一場表演或參與一場盛大的慶典。
對他們來說，他們只希望不管是哪一個民族地區，文化保存需要有一股對自
我文化自信的堅持，不要刻意迎合大眾口味，能展現自我民族的文化特性，
越是侗族在地的文化呈現對於前來旅遊的觀光客就是最好的吸引力。

研究民族旅遊文化產品的真實性時，不應局限於本體上的真實，也就是
在旅遊業中描述或再現一種文化或往事時，製造某些能使旅遊者相信的事件
比某些事件的真實性往往更重要。很多文化都是以特定商品以表現載體，民
族文化也不例外。民族文化商品化，比自然風景更需要有創造性的表現，更
強調獨創性技術的運用，以創造適合現代市場需求的商品。而旅遊工藝品則
是成為民族文化商品化的最佳載體亦是旅遊資源的重要組成部分，在旅遊業
中有著突出的地位，同時，良好的旅遊工藝品開發將產生顯著的社會效益和
經濟效益，對於民族文化的宏揚、傳承、保護，並能在民族文化持續發展做
出更好的貢獻。

（三）打造有品牌的文化商品

　　將旅遊工藝品成為一種能提昇人們精神享受的商品，可以將它視為大眾化的藝術品，當然更應該擁有專屬品牌，帶來知名度。一方面能為旅遊地作宣傳，使品牌與旅遊地區結合；另一方面有較高的附加價值，以獲得更多的回報。旅遊工藝品有無競爭力，能否成為品牌，不完全取決於技術，而在於是否具有豐富的文化內涵。

　　湖南省懷化市政府為了實施侗族非物質文化遺產旅遊開發與保護，進行了對侗族非物質文化遺產旅遊發展的規劃。懷化市日前宣誓會嚴格遵循聯合國教科文組織《保護非物質文化遺產公約》和《國務院關於加強文化遺產保護的通知》，嚴格貫徹「保護為主、搶救第一、合理利用、傳承發展」的工作方針，對於開展侗族非物質文化遺產旅遊的資源進行全面性的系統評估；分析市場開發的潛力點，為侗族非物質文化遺產旅遊產品進行形象策劃和市場定位，建立了侗族非物質文化遺產生態保護區，並確定傳承地和傳承人。期望能夠達到既能讓侗族非物質文化遺產得到有效的保護與傳承，又能在旅遊開發的同時，讓侗族非物質文化遺產得到合理的利用，並且不斷地發展。

　　其中對「百里侗文化長廊」以侗族原生態民俗風情旅遊開發為主。在開發過程中，要將豐富多彩的侗族文化遺產和絢麗多姿的侗族民俗風情結合起來，既注重物質文化的保護、開發，又注重非物質文化的保護、挖掘、提煉和傳承。長廊中各景區在產品開發和展示上要強化各自的功能特色，景區之間應進行綜合協調。其中，獨岩侗民族風情園：應充分發揮其城市公園的功能，依託現有世紀鼓樓、迴龍橋、松月樓、樂善樓，適當建設吊腳樓、小鼓樓和戲臺，並進行園林美化，並開闢出寬敞的空地作為旅遊大型節慶活動的集會、表演場所；修建復原自然生態的侗族民俗文化博物館，全面展示侗族文化和習俗，使其成為中國獨特侗族文化特色的旅遊場域。芋頭侗寨：芋頭侗寨民俗風情展現突出一個「古」字。皇都侗寨：皇都侗寨民俗風情展示突出一個「全」字，開闢特色商品和飲食文化一條街。陽爛侗寨：重點開發以侗族銀飾為特色的旅遊購物品商店。梓壇片侗寨：重點開發蘆笙吹奏表演和生產、生活場景展示產品。各村寨應注重提高節目表演水準。坪穩侗寨：重點開發傳統體育觀光、體驗產品。（楊洪、黃靜、李樹琪，2007）

　　從以上通道縣在開發旅遊的策略中，開發的旅遊侗錦工藝品呈現突出地域文化特色和深厚文化內涵的民族風格，這是吸引遊客對異文化的深刻體驗。

具體來說，通道縣在打造品牌的文化商品大致在以下幾個方面：

1. 強調鮮明的民族特色：通道侗族特色的非物質文化遺產非常豐富，被譽為「侗族文化聖地」，其中侗族蘆笙、侗戲、侗族琵琶歌、侗錦、大戊梁歌會、侗款、喉路歌、哆吔、雙歌、大歌、建築工藝、合攏宴、祭薩等是最具條件申報市級、省級仍至於國家級非物質文化遺產的項目。具有的獨特旅遊功能，使之成為湖南省文化旅遊產業的重點開發項目之一。通道縣逐年舉辦研討會，對於文化旅遊開發項目也舉辦多次會議討論，就侗錦織造技藝項目，就以將旅遊工藝品視為民族文化延伸展示的載體，對民族傳統文化、地域文化的精髓分析，以建立旅遊工藝品開發理念，確定開發思路，收集資訊，指導開發。研討會中亦有學者提到，民族特色並非排除形式上的創新，僅使用各種變相的手法對外來文化藝術進行模仿的旅遊工藝品是沒有生命力的，而應站在民族文化的角度，把外來的文化藝術融入在民族文化內涵之中，從而使民族文化創造出新的表現形式，注入文化新活力。

2. 重視民族文化的保護和傳承：「侗錦織造技藝」列入了國家級非物質文化遺產項目名錄，並成為中國著名的織錦之一。通道侗錦織造技藝在 2008 列入國家級非物質文化遺產名錄，2009 年成立了通道侗族自治縣侗錦織藝發展有限公司，圍繞地方特色實施「生態立縣，旅遊興縣」的戰略目標努力開發侗錦產業。2010 年 8 月，在皇都侗族文化村建立湖南侗錦博物館；成立通道侗族自治縣侗錦傳習所。2011 年 11 月，湖南省通道侗族自治縣呀囉耶侗錦織藝發展有限公司被文化部命名為「第一批國家級非物質文化遺產生產性保護示範基地」。2013 年以來，在湖南省科技廳的支持下，通道縣大力實施侗錦科技創新專案，充分挖掘侗族非物質文化遺產中的傳統元素，與科技創新設計相結合，展現低耗能、低資本的優勢。截止目前為止，侗錦科技創新專案共培訓織錦愛好婦女 465 人次；研發侗錦新產品 10 件，增加展示中心陳列實物 30 件，增加皇都侗錦博物館陳列樣品 15 件，實現年銷售收入人民幣 360 萬元，300 餘位侗族婦女實現在家就業。通道縣的政策是以保護民族文化資源，反覆地開發利用，進而有適應當代社會的創新文化表現。從案例中發現，從歷史中發展高水準的精緻藝術，不但是一項寶貴的文化資產，更擁有豐富的文化資本。更應該能支持與協助非物質文化遺產傳承人提高技藝水準並勇於開創精緻藝術，並且將此一技術傳受下一代，以發揚文化。

3. 開發獨特的工藝技法與材料：除了學習傳統民族工藝品製作技法，以

及材料的挖掘和運用，還加強對開發新工藝、新材料的研究，以創造更豐富多彩、更具有表現力的藝術形式。2013年以來，通道累計投入100萬元用於侗錦文化創新項目，並已成功申請國家級外觀設計專利6項，授權6項;初步建設的侗錦基本（藏品）資料庫建設，填補在侗錦傳承與文化創意開發領域的專門性資料庫資訊描述結構的不足。根據縣政府人員的瞭解，至2014年通道侗錦產業仍依託可持續發展實驗區的建設，整合資源優勢，文化創新、發展創新，逐漸形成「設計、生產、銷售和服務」一體化的新型文化產業鏈。目前侗錦織造技藝所衍生各種腰枕，靠枕、桌旗、茶杯墊、掛壁、圍兜、手機袋、背袋、提袋、錢包、小飾品等30多個品種，產品深受國內外消費者的廣泛青睞。

　　4. 昇華旅遊工藝品的藝術價值：藝術價值是旅遊工藝品應具備的基本特徵之一，它不但具有觀賞性、保存性和饋贈性。同時藝術價值還蘊含了獨特民族文化的故事性，使人陶醉在感性美的享受，同時又能以非凡的文化魅力感染遊客，產生珍藏的慾望。

　　在傳承文化遺產過程中，總能看到商業化的身影。在現代商業社會，商品化其實就是傳統文化遺產的商業化衍生品。將文化遺產與現代商品、服務相結合，以取得消費者的共鳴，提升文化和商品的傳播性，甚至帶來巨大的商業利益。

　　從通道縣旅遊相關執行活動中，以開發促進保護，用創新深化繼承，或許是民族文化實現現代轉型的有效途徑之一。事實上，在中西文化的交流的環境衝擊下，許多民族傳統文化將面臨著重大變遷的命運，搶救即將消失的文化技能並且保守既有的民族傳統文化一直是棘手的重要任務。但是，不能消極或被動地停留在搶救和保護民族傳統文化，許多民族傳統文化適應於過去時代的產物，它們存在著某種固有的元素，不一定能夠完全適應於現代的發展。特別是中國社會進入到資本主義的環境下，部份傳統文化停留在過去簡單的生活形態，與現代化時代講求的商品性與經濟性顯得功能性不足，相較之下形成民族地區經濟緩慢的發展。因此，在繼承、保護民族傳統文化的過程中，更要致力於現代經濟的角度進行轉化，進而民族傳統文化的發展、創新，全面提升民族傳統文化的現代價值。侗錦創意紀念品中，有許多的符號意涵與通道峒王酒，或著其他白酒的名稱一樣都取自於歷史典故。

　　不同的民族文化決定了旅遊工藝品自身的個性差異及其不可替代性，文

化遺產是獨占的，文化遺產的商品化必須是有序的。文化遺產商品化並非絕對會破壞民族文化，它甚至有助於傳播傳統文化遺產；但在現實社會中，破壞文化遺產的商品化舉動又相當普遍和嚴重。一方面，商品化有時會破壞文化遺產的真實內涵。為了實現最大利益，商人可能會對文化遺產斷章取義或者加油添醋，讓人只知其一、不知其二，從而打破了傳統文化遺產的完整內涵。經過無限的演繹，後人很難再享受到原汁味的文化遺產。從文化遺產本身來說，這種演繹是篡改性的。另一方面，商品化有時會損害文化遺產的真實面貌。所以村寨能否把握其擁有的文化資本，透過適當的商品化包裝與詮釋，讓大眾皆感受到其魅力，成為愛不釋手的紀念品，並進而在該村寨消費觀光，將是傳統文化能否再現的重要關鍵之一。但在賦予村寨新生命時，最重要的程式便是如何將舊有的元素抽離，並經過轉換之後加值運用，因此，保存文化遺產並賦予新生命，結合發展村寨的「觀光」產業，便是傳統再現類型的代表。

第三節　活化侗錦的新思維

　　2000 年中國陸續取得奧運與世博等國際重活動的主辦權之後，中國大陸開始重視國家軟實力的發展，也就是文化創意產業。從那時開始，中國就不斷針對文化產業推出一系列的扶持產業，也因為中國本身擁有豐富的生產要素與政府推動的產業政策，再加上中國文化創意產業在發展上的動態優勢，使得過去十五年文化創意產業在中國展現出一定的成就。

　　中國大陸對於非物質文化保護的時代出現了新的產業－文化創意產業（Cultural and Creative Industry），21 世紀既是全球一體化的過程，又是設計市場競爭加強的過程，這背後是文化的競爭。首先創意產業主要是重創新、個人創造力，強調文化藝術對經濟的支持與推動的新興理念、思潮和經濟實踐。它是指透過創意來推動經濟發展的產業，其範疇包括電影、電視、音樂、設計、建築設計、動漫、遊戲及數碼娛樂等等。創意產業的興起一方面是對現有產業的機制、政策和運作的總承，另一方面也是對其缺乏創造性的批評。創意產業的根本觀念是透過「跨界」促成不同行業、不同領域的重組與合作。通過跨界，尋找新的增值點，推動文化發展與經濟發展，並且透過在全社會推動創造性發展，來促進社會機制的改革創新。

　　從文化創意產業字義上來看，文化創意產業本身有三個概念，首先是文化，然後是創意、最後是產業，這三個概念分別代表了文化創意產業的不同階段，相互間既有區別又互相關聯，三位一體才構成了完整的文化創意產業。侗族有豐富的傳統文化根基，侗族非物質文化保護的文化創意需要在永續傳統文化的基礎上，在新科技中結合傳統文化，創新出新而符合時代發展的新形式內容和創新過程，並形成民族品牌化、產業化，這樣才有助於較好地延續傳統文化中的精髓。

　　從文化創意產業特徵上來看，它屬於知識密集型產業，主要是借助高科技的方法，透過人的想像力和再創造力，對傳統文化資源再提升。文化創意產業的發展本質表現在對文化的創新力，文化的創新力包括文化內容與形式的創新能力，需要具備對民族傳統文化的傳承力和對外來文化的吸收借鑑。再透過高科技和多媒體、虛擬實境等新技術方法，將民族傳統文化的精髓轉化為新的知識體系，是傳統文化基本精神的時代發展，構成了新的民族文化形式，並且將傳統文化帶入市場，將傳統文化完好的延續發展。

一、當代侗錦創意的新思維

　　21 世紀的經濟，「全球化」加速了文化的碰撞與融合。當今社會對後現代主義文化的美學觀展現了極大的包容性和形式的不確定性，以及風格的自由選擇性，而這些在傳統的美學觀念中是不可能存在的。然而，它並不排斥傳統美學觀念下的藝術成果，在許多情況下，後現代主義文化思潮表現出對古典傳統美學魅力的親和性，因而出現了挪用古典、綜合傳統的創造性藝術活動。

　　隨著感性消費時代的到來，消費變得越來越挑剔，對商品的要求，已經不再是品質、價格，也不再僅僅是品牌。因此，「滿意」與「不滿意」成為消費者購買的標準。這個時候，個性消費或許是現今民族文化遺產走出民族，進入世界各地的時刻。這些承載著傳統民族文化的產品正在滿足人們的需要，從而重新登入歷史舞台延續它的生命力。

　　美國學者希爾斯（E. Shils）教授在其經過 25 年潛心研究而撰成的專著《論傳統（Tradition）》中認為，「傳統是圍繞人類的不同活動領域而形成代代相傳的行事方式，是一種對社會行為具有規範作用和道德感召力的文化力量，同時也是人類在歷史長河中的創造性想像的積澱。」（傅鑑等譯，1992）所以，

　　傳統不僅屬於歷史，更屬於現實，不僅屬於過去，更屬於現在；現在既是過去的繼續，更是未來的起點；具有普遍意義的東西既可以表現為民族性，也可以表現為世界性，甚至是在世界立足的根基。當今，全球各種藝術思潮的湧入，帶給侗族傳統文化藝術前所未有的衝擊。在這種局面下，對西方現代藝術純粹的模仿、簡單的植入，將使東方的藝術喪失民族個性。在藝術創作時對傳統圖案藝術的繼承是必要的，任何新事物的產生都需要建立在傳統文化的基礎之上。侗錦文化藝術要走出一條自己的路，必然是建立在傳統基礎之上。然而，繼承並不意味著拘泥於幾千年傳下來的藝術寶庫，一味沉迷在傳統的繈褓裡；在現今的設計中單純地重現傳統文化，沒有注入新鮮的血液，將會導致民族藝術發展的停滯，最終只能使當今世代留下大批的古董複製，而無設計可言。

　　如何使現今侗錦藝術體現出深厚的民族文化底蘊和鮮明特色，同時又能避免僵化，這將是現今侗錦文化繼續發展的問題。既要尊重傳統藝術的獨特性，展現侗族的審美心理，又要反映現代人內在精神的追求。在侗錦藝術的設計中，既要「尋根」，尋找侗錦文化中為其他民族織錦所不及的思維優勢和獨特風采。同時又要注重創新，注重設計的延續性。

　　在侗族多樣貌的文化裡，那些獨特的侗錦文化被眾人所稱讚。漫長的歷史中，侗族婦女以自身的聰明才智創造了內容極其豐富的、技藝要求極高的侗錦文化。而在侗錦的創造過程中，既要適應當代社會的需求又要保留其原生態的地方特色，就必須去創新，決不能走仿製道路。風格獨特的產品，將會呈現出顯著的市場優勢，甚至「引導新潮流」。

　　在侗族文化中，「侗錦」是最精美的工藝製品。侗錦具有鮮明的民族特色和民族文化，傳承和記載著侗族積澱深厚的傳統文化。無時無刻都展現了當地的宗教信仰。侗錦具有獨一無二的織造技藝，豐富多彩的圖案符號，和諧獨特的色彩以及深厚的文化內涵、典雅莊重的品質和獨特的民族風格，這些特點是侗錦當之無謂的成為中國著名的民族織錦之一。（馬麗，2008）

　　簡單的說，侗錦就是侗族婦女手工織造的用品，具有民族性和藝術性。而旅遊紀念品濃縮了一個國家或地區的文化藝術、工藝技巧和物質資源。據資料顯示，在國際的國家收入標準中，紀念品銷售額占國家整個旅遊行業收入的是 30%，先進的香港可以達到 60%，在中國大陸大約只有 20%，而大多數城市在 10%以下。（周春媚，2013）可以說旅遊紀念品是旅遊產業中的高附

加值產品，旅遊紀念品的開發創新設計將成為中國旅遊業得以深入發展和利潤空間增大的關鍵環節。所以說將侗錦和紀念品結合起來，必將啟動侗錦織造技藝的傳承和保護，為侗錦文化的創造帶來新的活力。

（一）侗錦導入文化創意產業的契機

近幾年各地政府及民間極力推廣文化遺產傳承、保護與活化工作，文化創意產業成為極力發展的重要產業之一。聯合國教科文化組織（UNESCO）、英國、紐西蘭、加拿大、韓國，以及台灣，均對文化產業等名詞曾給予簡單的定義。定義雖略有所出入，大致可歸納出均是強調以文化、個人創意、技藝、才華等的結合，經由智慧財產權的保障與應用後，得以創造出的經濟活動。如台灣文化創意產業推動辦公室（2003）〔註5〕則解釋「文化創意產業」為「為源自創意或文化累積，透過智慧財產的形成與運用，具有創造財富與就業機會潛力，並促進整體生活環境提升之產業均屬之。」在中國並沒有針對文化創意產業提出解釋，但大部分的學者皆採用英國的解釋，即「以個人創意、技藝、天賦為原始構想，經由智慧財產權的發明與探索，所形成之具有創造財富與工作機會潛力的產業。」（劉大和，2003）

文化創意產業與一般製造業在經濟特質上有相當大的差異，也使得其經濟運作模式不同於既有的一般產業經濟，如文化創意產業有著不確定的需求量；創作者相當地重視作品；需要運用跨領域的技能；屬於體驗性產品與區隔性產品。（Caves，2000）通道縣呀羅耶侗錦公司成立的目的之一在於開發新侗錦文化價值與永續侗錦織造技藝，對於創作出的侗錦產品，相當重視文化意義；從研究、設計、織造到完成產品，需要結合不同領域專業，以產品具有侗族獨特文化的新侗錦產品。但是由於侗錦公司從設計到織造的過程相當耗時，創作人在創作的過程中又無法得知消費者的評價，因此無法正確預測市場反應或需求量。另一方面，由於消費者購買文化產品的原因並非是基於生理或是物質上的需求，而是心理上的需求；或者是一種理性沈溺（rational addiction）（Caves，2000），也就是說，沈溺於此創意產品的消費往往是因為認為這樣的消費有助於對生活的享受能力。因此，消費者在產品的認知上，對於文化創意產品的購買決策是相當關鍵的。但是依照在通道縣的侗錦 2010

〔註5〕文化創意產業推動辦公室，什麼是文化創意產業，文化創意產業專屬網站，檢視日期：2009 年 6 月 19 日，http://www.cci.org.tw/portal/plan/what.asp。

年以前的銷售情況來看，因為侗錦設計者對於作品注入文化性的成份又相當地重視，然而消費者在選購前對侗錦產品的評價相當地主觀，因此設計出來的侗錦產品較無適時地預測消費者反應的能力，而導致多數產品無法正向提高盈餘。

由於文化創意產品大多數為體驗性產品（experience good）（Caves，2000），也就是消費者在未實際享受或欣賞產品之前，均無法確認其良窳，因此參考他人的口碑以作為購買決策是相當重要的，先前消費者的購買選擇會成為下一位消費者的購買參考依據。就如在通道縣非物質文化遺產侗錦織造技藝傳承人有省級傳承人與國家級傳承人，以及一般素人，在許多可以販售侗錦的活動中，因為消費者對於侗錦文化的認知有限，對於侗錦織造技藝的認知來源於媒體上的傳播，因此消費者從外地前往通道縣旅遊，在選購侗錦產品時，會以在傳播媒體中對國家級傳承人的爆光率比省級傳承人或一般家庭婦女來的高，認為國家級傳承人的織造技藝品質一定最好，而選擇購買國家級傳承人的侗錦產品。也就是說在不考慮價格的情況下，消費者在購買侗錦產品時，若是有機會可以選購省級傳承人的侗錦產品時，不會選擇一般侗族婦女的侗錦產品；在可以選購國家級傳承人的侗錦產品時，不會選擇省級侗錦傳承人或是一般侗族婦女所製作的侗錦產品。這種行為模仿或觀點傳染的從眾行為在文化創意產業中相當明顯，也會因資訊階流（information cascade）（Crossland & Smith，2002）、明星效應等造成消費者的從眾行為、理性跟風（rational herding）（Devenow & Welch，1996）行徑，使得多數消費者特別眷顧特定作品或特定品牌，因此，創意產業內另有一項受到作者非常重視的性質，就是創作者的排名，此排名的差異會造成龐大的收入差異，而形成「差異租」（differential rent）的利潤來源。

（二）侗錦文化運用於現代旅遊紀念品中的可行性

不少學者為紀念品作過定義，Graburn（1977）指出幾乎沒有一個旅遊者從假期中返家時會沒有攜帶任何物品來展現其旅遊，而藉由紀念品這樣的展現活動，表現在生活中較高的社會地位。Gordon（1986）將紀念品定義為：用來提示某特殊事件或旅遊的具體物品，紀念品的存在能幫助旅客對短暫的旅遊經驗有所探求解釋及保持聯繫，遊客購買紀念品來作為自己去過旅遊地的證明。

有關於紀念品本身屬性影響到購買意願中，Littrell, Baizerman, Kran,

Gahring, Nierneyer, Reilly 與 Stout（1994）的研究結果顯示紀念品本身所具有的特性會影響消費者的購買意圖，如紀念品本身的獨特性，例如：只在這個地方才買得到、是否代表了這個旅遊地，使得這類的商品較易展現其特別的吸引力；另外紀念品是否符合了美學的標準、是否有質感、是否符合了實用的原則、以及其便利性（在旅遊的過程，是否攜帶方便）等，都會影響消費者的購買意圖。

　　遊客通常購買紀念品是為了自己個人的使用而買（Ruck, Kaiser, Barry, Brummett, Freeman & Peters, 1986）。但在美國中西部遊客的研究中，在他們的旅行幾乎 70%的人是為了家庭和朋友購買禮物（Littrell et al.,1994）。消費者行為研究提出，情勢的因素，譬如送禮物會影響消費者的決定。送禮和買給自己的研究有不一致的發現。Ruck 等人（1986）注意到，遊客在做計劃型的購買前，為其他人購買的情況比為自己購買更多。李萌（2001）指出，旅遊者的購買動機一般可分為下列有幾種：一是紀念動機，意即追求旅遊購習的紀念意義及紀念價值；二是餽贈動機，目的在於藉由紀念品與親友分享旅遊樂趣，連繫情誼；三是新異動機，漢足追新求異、展現個性的心理需要；四是價值動機，注重商品的質量和價值，主要目的在於要買到貨真價實的當地特色產品；五是文化動機，滿足求知、提高藝術修養的需要；六是享受動機，目的是追求舒適、方便、享受、增添旅遊樂趣等。遊客做出購買決定時，所考量的購買動機多是上述六種的綜合。綜上所述，購買動機是消費者內在需求與外在誘因結合而產生的認知，而李萌（2001）提出的購買動機類型中，紀念動機、餽贈動機、價值動機三項內涵，探討的是旅遊紀念品實體能傳遞的功能與價值，可以反映遊客購買旅遊紀念品的內在需求；新異動機、文化動機兩項內涵，則為旅遊紀念品所附加的象徵意義，能帶動遊客心理層面的滿足，是激發遊客購買旅遊紀念品的外在誘因。

　　在為誰購買的考量因素下，其實往往是消費者是否購買紀念品的重要考量因素，買給自己可能是買比較少，大部分可能都是為了他人（家人、朋友）購買的狀況會比較多，其購買紀念品之原因常是想將此趟旅程的感覺延續或帶回給家人、朋友，因此本研究要探討「為誰購買」這個因素是否和購買金額有相關關係，以期能更加了解觀光客購買紀念品之心態與考量因素。而認為為自己買紀念品與為朋友買紀念品很重要者，則與美學動機及附加價值動機有正向相關，因此紀念品的設計可以加強外型與包裝上的設計，或者考量

送禮以及可以展示給人觀賞等功用。考量到產品屬性與環境屬性對於紀念品購買動機之影響，結果發現產品屬性本身的特質會影響到所有類型的購買動機，因此產品的特殊性與當地製造就很重要。

從遊客對紀念品使用價值的需求來看。使用價值是商品能夠滿足人們某種需求的屬性，是價值的物質承擔者。「世界上沒有兩片完全相同的葉子」，矛盾特殊性原理要求我們作到具體問題具體分析，這是我們認識事物的前提與基礎。在前往通道縣侗寨旅遊不同的遊客對紀念品的使用價值有不同的需求，主要有三種：

第一，對紀念品紀念與收藏、審美與特色的需求。調查中發現，有過半數的遊客購買旅遊紀念品的原因是為了「紀念」。可見，遊客購物的最大特點是，先選購那些具有紀念性的產品，如侗族村寨建築的相關紀念品、侗族紡織品、侗族特色農產品等。而收入水準較高的遊客，或者是一些收藏愛好者，在選擇旅遊紀念品時則很注意產品的保存價值，以便滿足自己的收藏需求。另外，在筆者抽量訪談的遊客中，有三分之一的遊客十分注重紀念品的欣賞價值，在審美方面有較高的要求。除了對「美」的追求，遊客還有對紀念品特色的要求，在通道縣所舉辦的大型節慶活動中，筆者抽量訪談中的遊客有三成認為通道縣旅遊紀念品特色一般和沒有特色，但也有四成遊客認為，侗錦織品很有特色，只是數量與樣式不多，選購時無法挑選適合的。我們在調查中確實發現，許多侗錦藝人往往盲目銷售所有家中的侗錦織品，也有大量機器生產出來的侗錦紀念品，使遊客的特色需求很難得以滿足。在通道縣一條最繁華的市場購物街上，百米之內竟有十多家商品幾乎完全相同的侗族十字繡鞋墊，即所謂的「特色侗錦產品」。一位來自廣州的遊客實話實說：「其實，這些東西其它地方也都有，只是既然來了，也就買買吧！」一位山東的遊客戲說：「來通道旅遊就屬購買紀念品，花費最少了！」

第二，對紀念品時代性的需求。旅遊紀念品的時代性在開發、經營中具有重要的意義，它代表著通道縣的經濟發展水準，展現著通道縣當地侗族對時代性的敏感度。遊客在購物時希望旅遊紀念品新穎、富於變化，能反映時代的新氣息。然而，通道縣街上的侗錦旅遊紀念品卻往往忽視這點，根據一位導遊表示，通道縣的旅遊紀念品幾年來幾乎都是「老面孔」。所以，如果侗錦紀念品能夠多加設計在時代性紀念品，或許能夠擴大侗錦紀念品在現代旅遊市場上的競爭力。

　　第三，對紀念品品質的需求。在接受訪談調查的遊客中有一成的人強調旅遊紀念品的品質，是他所注意的第一順位，有四成人放在第二順位。也就是說，在多數遊客看來，旅遊紀念品應當工藝精細，製作精良。然而，遊客在通道縣街道上看到的大部分紀念品雖然沒有到達粗製濫造的地步，但是品質不佳而價位不低，甚至以機器生產來充當手工織造的侗錦織品，這不僅大大降低了遊客的購買慾望，更直接損害了侗錦文化的品牌形象。

　　最後在調查訪談中，最值得注意的現象，遊客最為在意的即是每一位旅客普遍反映出對旅遊紀念品的地方特色、文化內涵上的關心，希望通道縣在侗錦紀念品應多在這方面做努力。遊客在回應問題時，來到通道縣旅遊，經過對當地文化的瞭解之後，也對認識了侗錦是屬國家級的非物質文化遺產項目，所以對於手工織造技藝的侗錦產品，更想知道侗錦織品背後的寓意故事；以及寓意故事與旅客原生活場域是否有連結，贈送親朋好友是否具有達到祝福價值。

　　事實上，侗錦織品是通道縣最具有地方特色，以及擁有侗族深度文化內涵的旅遊紀念品。侗錦文化是侗族文化的精髓，擁有民族特色的產品必將成為現代社會發展的一大亮點。侗錦以其構圖精湛、圖案多樣、色彩濃厚、工藝精巧、情感豐富、品質優良而著稱。侗族婦女自紡自織自染的侗錦早已舉世聞名，在本論文前文已有詳細的討論，在此簡單重提。在康熙年間，詩詞中就有這方面的記載，例如：在《黎平竹枝詞》中，胡奉衡說到：「峒錦矜誇產古州……松火夜偕諸女伴，紡成峒布納官輸」等詩句。（轉引自侗族簡史編寫組 1985：47）到了 1742 年，清朝政府為了發展經濟，開始在民間鼓勵紡織事業，並設有法律法規。由此，侗錦紡織產業被制度化和規範化，使其得到了快速的發展。在當時，黎平府的「峒錦」的編制技藝已經發展成熟。「峒錦」用五色絲線織成，有花木、禽獸多樣圖案，「精者甲他郡，凍之水不敗，敗之油不汙」。（張澍 2003：197～198）說明侗錦這份精美的工藝品在當時就已經獲得高尚的認可和重視，並且隨著歷史的步伐它們被侗族婦女們世代相傳相授。因此，相對於侗族其他的文化，例如建築、侗族大歌、銀飾等，這個僅用絲線編織出來的精品可以稱作是侗族手中的「歷史書」。這本「書」不僅記錄了侗族的發展歷程，更體現了侗族女性對美的認識、理解和追求。這說明了「侗錦文化」是隨著侗族發展而存在的，距今有幾千年的悠久歷史，是展現侗族「女織」文化的活化石。

　　侗錦是侗族最常用的生活用品，也可以說是生活必須品。在侗族婚嫁習俗中，待出嫁的姑娘都會準備著足夠的侗錦製品作為嫁妝帶到夫家去。在侗族心靈手巧的織繡下，侗錦包含著祈福吉祥、嚮往幸福的含義，同時也代表侗族求平安的心願。織錦上的圖案反映出了侗族的生活習俗，包含有宗教理念、祭祀習俗、圖騰文化、民俗生活等民間民族資訊，圖案的精心編織和設計凝聚了侗族的心血和心願，具有濃厚的民俗文化色彩、承載了侗族的民俗民情。侗錦是凝聚侗族人代代相傳的勤勞智慧、生活習俗、宗教信仰、審美觀念等文化特徵，呈現出侗族和諧社會的精神。

　　以此各方面的文化底蘊，提煉其中元素融入在旅遊體驗當中，侗錦紀念品即可與旅遊者進行連結，以達到吸引旅遊者購買的意願。目前侗錦得到侗族地區各政府的大力關注和推介，有著很好的發展前景。隨著媒體的不斷曝光以及文化人的不斷深入挖掘，越來越多的人開始對侗錦文化進行關注和研究。由此可以看出侗錦運用於現代旅遊紀念品設計中具有一定的可行性，並且具有一定旅遊市場的競爭性。

二、當代侗錦的價值構成

（一）傳統文化在文化創意產業中的價值體現

　　社會在不斷的變遷，歷史的文化思想適用於當時的社會時期，不一定適合當今的價值觀念，時代都在衍生新的文化思潮，因此，應該吸取傳統文化的精髓，學習並傳承，在加上現代生活的體驗，融入現代當今社會的情感，創造出新的文化，以適應於現在的社會。正如世界傑出華人設計師靳埭強所說「中國文化是活的文化，不斷包容不同時空的新觀念，繼往開來地代代更新。中國文化最有價值的，就是它具有生生不息的生命力！」（轉引自王淑慧，2012：15）德國設計家霍格爾‧馬蒂斯也曾強調：「任何國度的設計中，都應體現國度的根，這個根就是自己的文化。」（轉引自王宇、喬敏，2008：103）每一個民族都有自己的燦爛文化，都鍾情於自己血脈相融的本土文化，這也就是設計者所探索文化特色的源泉。哪些傳統文化元素可以與當代新的人文情感以及現代生活用品相結合，以展現了產品文化元素的特徵。對於傳統文化的認識與再設計，不應只是復原當時的感受，要找到結合當代的思想方式，真實的思想、渴望和期望。產品的加值可以提升產品的價值，相同類似功能的商品其價額相差百倍，如品牌手錶、項鍊、皮包與鋼筆；還有可以行銷百

年經久不衰的繪畫作品、收藏品、音樂、建築等；這裡強調的是透過提升意識形態等價值元素的方式，使商品理念迎合消費者認同的心理價值需求。意識價值元素又包括：創意、知識、美感、情感、價值、商品理念等方面。在文化創意產品設計的過程中，設計更加注重提升產品的人文價值情感心理關懷，關注人的生活環境和生活方式，將精神的情感和人文上升到更為重要的層面。讓產品形式、功能、語意等與文化情感的完美結合從而喚起消費者的美好情感、購買慾望。如侗錦的飾品，古樸原始、具有濃郁的地方特色，是有地方文化特色的旅遊紀念品。

通道縣自從成立侗錦公司之後，在政府的扶植之下，不斷地與藝術學校、設計團體合作開發新的產品。在訪談過程中，侗錦公司也清楚地知道在創新的過程中，有著變與不變的思維。

1. 技術設計的傳承與創新。侗錦織造技藝需要數十道複雜的工序，這也是其魅力所在。而目前純粹的手工織造，在外界已逐步被機器化大量生產替代，傳統的工序也因為工藝繁瑣而逐漸被擯棄，合理的技術設計就顯得尤為必要，侗錦公司以手工紡紗，手工織布，機器縫合等相互結合的方式來進行技術的傳承與創新，這樣既不影響織造的速度，同時，也進行了部分手工工藝的傳承。當然，這只是侗錦公司目前初步的想法，其他可行的實施方案，還需要更進一步的探索和研究。

2. 侗錦公司因非物質文化遺產在各級的法規保護之下，意識到必須將傳統文化內涵進行準確的定位，提煉、設計、創新圖案。侗族文化是民族精神情感的載體，民族特徵的直接表現，民族凝聚力之所在。需要再次將侗族的傳統文化內涵在多元文化背景中進行準確的定位，在原有傳統文化內涵提煉圖案的基礎上，適應時代的發展，加入新的寓意，新的意境，開發、設計、創新適應時代發展的新的圖案。以侗錦傳統中的動植物演化而來的圖紋，加入現代主流文化中的「吉祥如意」、「年年有餘」等寓意延伸、提煉而來的圖案設計等。

3. 設計風格上要大膽突破，力求圖案、色彩的設計與產品種類的完美融合。目前侗錦織造逐漸形成了自己獨有的品牌，這個品牌也在逐步的細化，出現了多個種類，設計者也力求在圖案、色彩的設計上突破創新。但是在同一織造圖案、色彩，既可以應用於服裝設計上，同時又能應用於床品設計以及其他產品設計上的現象比比皆是，使得產品的特色不夠突出和產品種類的

融合性不強。例如侗錦中的戰馬織紋以及鳥織紋圖樣，大量使用在現在侗錦各項產品當中的主要視覺位置，不能迎合人們追求「個性」和「獨一無二」的審美心理。因此，侗錦公司在改變設計風格上，還需要在圖案設計和產品種類的融合上下功夫，使每一件產品都是獨具心個性化的設計。

圖 6-3：以馬圖紋設計的侗錦文創產品

儘管侗錦藝術應用於多個種類的產品設計中，但是侗錦公司還意識到使用者還停留在成人用品上，較少設計在傳統侗錦幼童的產品，目前積極加強開發應用在兒童用品的開發設計上，比如玩具、用品、書籍的設計中，所謂的教育要從小開始，文化的傳承也可以在從小接觸本土文化中潛移默化的影響，以永續侗族傳統代代相傳的侗錦織造技藝，及其流傳在侗寨生活中的侗錦文化。

文化商品設計已經不僅僅只是具有實用功能，更是包含一定的情感設計以及審美功能，強調的是多種因素進行重新建構、整合，創造出更加宜人的產品；更重要的是一種文化、歷史傳統、人文精神等的傳承！而傳統歷史文化本身即具有一定的地域文化獨特創新性，而創新是設計最本質的展現，是發揮創造性的思維。要充分考慮各地的傳統文化、審美習慣等因素，將科學、技術、文化、藝術、社會、經濟融匯在設計之中，設計出具有新穎性、創造性和實用性的新產品。從消費者需求出發，以人為本，滿足消費者的需求，從挖掘產品功能出發，也可以採用新材料、新方法、新技術，降低產品成本，提高產品品質、產品競爭力，運用這些創新思維、創新設計方法、創新材料進行創新思考。

（二）侗錦文化創意產品的創新價值

文化創意商品中的紀念品設計，與人們常說的禮品有些差別，紀念品是能長時間保存的東西，可以承載紀念意義的物品；禮品是指人們之間互相饋贈的物品，禮品的範疇更廣一些，有實用型、裝飾型、收藏型等。可以說有紀念意義及收藏價值的禮品可以稱為紀念品。紀念品同時也可以具有一定的實

用價值。比如：紀念某一個人、紀念某件事、紀念某一次會議的召開或者紀念個人一段感情等。如舉辦國際性博覽活動期間，最初以藝術品和傳統工藝品作為互贈禮品為主，現在逐漸轉變為科學技術、文化特色等禮品，其中有一些具有各民族特色的紀念品。紀念品在人際間的交往中，可以增進感情、加深印象的作用；用於單位與單位之間的商務交流或者外事交流中，同樣可以展現友好的公共禮儀禮節。到異地旅遊時，也想給朋友、家人和孩子帶回一些紀念品。但現階段通道侗錦紀念品還需要再增加多樣式的特色，有一部分品質尚待加強。

　　一個有好的旅遊創意紀念品，承載眾多特定的資訊任務，透過它來傳遞大量的資訊到四處，讓更多的人瞭解並產生去旅遊地親身感受的願望，這對旅遊區而言是很好的實物宣傳效果，更能成為城市的品牌文化。

1. 突顯侗錦的文化特色創新

　　侗錦是侗族文化的載體，侗文化更是文化創意產品的靈魂。只有立基於侗錦文化特色，所設計研發的產品，透過豐富的文化內涵，提升文化創意產品的品位，才會擁有旺盛的生命力和良好的發展空間。在當前全球經濟一體化的大趨勢下，各地的文化創意產品設計都是宣揚一種所謂的國際化；但是作為一個歷史悠久的侗族文化，在確保非物質文化遺產侗錦織造技藝的永續傳承與發揚光大，當前的侗錦文化紀念品設計必須要做到實用性和藝術性的統一，提升文創品的感情訴求，運用侗錦藝術特徵，展現侗族歷史文化鮮明而永恆的魅力。

　　現代工業產品設計中，侗錦公司在設計上透過造型、色彩、材質等各種設計項目來表現「情感化」元素並巧妙的融合到產品中，設計出來的產品讓使用者深刻的體會到人與物所產生的情感交流，並使人與產品產生相應的感情。在旅遊紀念品設計中，情感色彩的融入決定著紀念品的個性品味，在傳達心理感受方面，旅遊紀念品的情感色彩所擁有的象徵意義又直接影響產品本身所具備的價值。

　　「情感化」設計如何巧妙的運用到產品中？設計者通過玩具的可愛造型來展現，同時情感色彩的融入更決定了玩具的個性品味。由於侗錦是由線織造出來的，不像普通的布那樣可以隨意剪裁，而且侗錦上的紋樣佈局大多為矩形、菱形等規矩排列，所以在設計時必須考慮到用料的大小，紋樣的佈局，才能不失「錦」的寓意。以下設計巧妙的運用了侗錦的精髓，又給玩具增添

了新的「外衣」，同時產品的功能也巧妙地搭配上去，在創新上有一定的亮眼之處。

錦魚紀念品的外觀為身穿由純色侗布與錦拼接而縫製的外衣，將魚做了可愛的造型改變。它的設計來源源於侗族圖騰崇拜的「魚崇拜」觀念，將魚的形象做了少許的處理，顯示出可愛的動態美。「魚」在侗族象徵著生命力的強盛和人丁的興旺，同時顯示了侗族祈求吉祥、安樂、平安、豐收的期盼，祈禱吉祥神的降臨。可愛的造型，配色新鮮，給家居增添更多的活力和樂趣。

在當下世界文化傳播和潮流不斷湧現的設計思潮下，在大潮中不被遺忘和淘汰，只有將民族的文化遺產完善和再利用，只有這樣才能使侗錦文化創意產品獨樹一幟，在市場中佔有一席之地。

2. 滿足文化創意品的功能創新

文化創意產品是承載了特定意義和功能的產品，其設計應突顯它的文化紀念性，同時應具備一定的實用性功能，從使用者的實際需求出發，將以人為本的設計理念貫穿於設計之中。呀羅耶侗錦公司近年所設計的產品功能都是以滿足人的需求特性為出發點，這也應該成為侗錦文化創意產品設計的核心概念。目前從侗錦文創品的設計應用來看，產品線的永續性尚不完整，還需要再加強實際實用的功能。倘若不能適應時代的需求，存在即突顯侗錦在設計上存在著呆板、枯燥與不實用性。同時產品創新的核心是重組資源、重組知識結構、重組文化知識結構及手工產業鏈，整合現代實用性產品與傳統文化內涵的融合，將傳統文化中的織造方法與現代的生活方式和需求相結合，才能產生真正的創新。

呀羅耶侗錦公司開始侗錦文化運用在旅遊紀念品設計中，從侗族文化的禮俗寓意中尋找題材，這樣的旅遊紀念品，無論作為自己留念，還是饋贈給他人，都得以「心在、禮在、寓意在」之贊。

侗族日常生活中各方面的元素都滲透到族人的精神文化意識當中，作為文化顯現的載體，其圖案造型各異、寓意豐富，這些都與侗族具體的心裡需求和精神活動息息相關。例如侗錦可以用來作為傳達侗族青年的愛情信物。吉祥圖案是以象徵和寓意來實現其價值的，將侗族傳統紋樣和吉祥圖案設計到旅遊紀念品中，豐富的造型結合圖案的象徵寓意，為現代旅遊紀念品創作提供了豐富的素材。

紀念品作為禮品饋贈給對方，他並不是為了滿足對方的慾望獲對自我的

炫耀，而是為了表達對受贈者的情感。好的寓意當然會受到每個人的欣賞和喜愛。「侗錦」中各種圖騰崇拜都代表著美好的祝福與期望。將美好寓意融入到紀念品設計中、融入了對旅遊地的喜愛與無限思念，以此去感動對方。此設計在物質滿足基礎之上，也滿足使用者深層次的精神文化需求。

3. 侗錦傳統紋樣的創新

圖案作為侗錦中最重要的一個環節，經過發展，地域特徵在侗錦紋樣設計和構圖中有數個主要紋樣元素被廣泛運用。一是魚骨紋，因為有著濃郁的侗文化特色，往往在侗錦圖案中配合錦鯉的形象組合來寓意年年有餘、富貴榮華；二是鳳鳥紋，它是侗文化特有的國寶，是侗族祖先留給族人寶貴的遺產，以鳳鳥紋為主題元素構圖的龍鳳呈祥產品受到了廣泛喜愛；三是蜘蛛紋，以其傳達祖靈保佑吉祥之意，運用在很多慶典和重要場合。這三大圖案元素有著不同的組合和造型搭配，讓侗錦的產品有著較多的形式。傳統的侗錦產品主要應用在背兒帶、床上用品上。如大家所喜聞樂見的侗族童裝，侗錦紋樣的豐富變化使得不同的織品展現出絢麗的光彩。侗錦床上用品是那個時代奢侈品的代表，那時每個侗族的家庭都以擁有侗錦被套而自豪。但是，隨著時間推移和主力消費者年齡的變化，很多年輕人對這些紋樣並不喜愛，他們希望能夠展現年輕一代的特點和性格。

紋樣形式的多樣化，直接反映出侗族勞動和生活的豐富多彩。將侗錦紋樣巧妙的運用到生活家飾品上，使之增添了情趣化元素。設計出的沙發背墊、沙發扶手墊、茶几墊、電視機防塵罩、空調防塵罩等含有侗錦元素的家居裝飾品，全部由純手工製作而成，款式獨一無二，其色澤柔和貼近大自然，原始質樸而又優雅隨性，讓古色古香的侗族風格更多的存在於你我身邊，在空間散發出濃濃的民族氣息，讓更多的人喜歡上侗族風的裝飾，更重要的是給人們帶來一種手工藝的原始感受，引發出一種吸引的親切感，給家創造出寧靜的氛圍。

近年通道呀羅耶侗錦公司試途嘗試設計出一些反映時代生活特性的圖案，創造出具有現代感的形式，期待更加受到消費者尤其是年輕一代的喜愛，從而擴大消費群體。比如，那些傳統題材的紋樣，呀羅耶侗錦公司也結合一些現代電腦技術和幾何構圖方法將其擴展變化，形成一種既保留元素樣式又豐富多彩的圖形創意。例如有設計師對傳統侗族符號的現代演繹，透過這樣設計以後，新創作的圖形兼具了傳統圖案的精髓，同時將現代設計的理念和

設計方法運用到了新的視覺表現上，豐富了圖案表現力，在後期侗錦紋樣的織造和再運用上提供較多的變化和選擇。

4. 侗錦文化創意產品的市場價值

在運用侗錦元素時，避免抄襲模仿、一層不變，必須要加以提煉，充分發揮創新思維，才能製造出現代與傳統相結合的獨特旅遊紀念品，讓更多的人瞭解侗族文化，走進侗族地區。

傳統侗錦織造技藝是一項重要的非物質文化資源，作為侗錦織造技藝傳承需要統一的規劃和合理的佈局，用持續發展的眼光進行開發設計，要結合市場規律和發展的需求，從根本上解決侗錦織造技藝與文化創意產品二者更好的結合，讓消費市場不斷的擴大，並使消費者在使用產品的過程中，瞭解和傳播侗錦文化，提升侗錦的知名度，對樹立侗錦品牌形象有著積極作用。對於侗錦文化創意產品的市場開發，呀羅耶侗錦公司對於行銷目標、市場定位兩個主要方面進行了具體分析，充分挖掘其市場價值。首先，在行銷目標，提高了侗錦文化產品的種類覆蓋面，挖掘多層次的需求，不但在國內市場上得到認可，更將文化創意產品逐步推向國際市場。因此，在設計、開發環節逐步透過研討會的形式在侗錦文化創意產品的短期與長期規劃；其次在市場定位，呀羅耶侗錦公司將侗錦及其文創品定位在宣傳、展示侗族傳統文化的精髓上，以生活化的文化創意產品作為文化交流的工具，從而使文化紀念品具有更強大的生命力。開發具有侗族文化元素、展現侗族風格和侗族氣派的民族產品，將民族產品創造出民族形象、侗族品牌。

三、侗錦文化在文化創意產業發展中的意義

（一）侗錦在新時代下的文化意義

在多元文化的影響下，既帶來了衝擊，也帶來了發展。現代產品設計，崇尚傳統文化和民間藝術已經不再是一種簡單的懷舊和盲目的認同，而是新時期人們對文化淵源的一種自我追尋的回歸和昇華。只有民族的，才是世界的，優秀的民族文化必須結合優秀的民族產品才能表現出來。而優秀的民族產品永恆的發展的前提也離不開豐富的文化內涵，因此，對於能夠體現通道地方特色和民間文化的侗錦文化創意產品的開發和創新是值得不斷研究的主題。儘管任重而道遠，但廣闊的發展前景和深遠的發展潛力激勵著我們不斷探索，不斷向前。

　　另外，侗錦藝術是青水江流域孕育出來的帶有侗族風格的民間藝術，是湖南省西南地區人民智慧的結晶，與當地民風民俗一脈相承，具有重要的民俗和藝術價值。在多元文化背景發展的今天，不能靜態的、一成不變、墨守陳規的發展，更不能隨波逐流，放棄傳統，而是要激流勇進，在多元文化背景中積極的探尋發展之路，力保侗錦文化創意產品的發展與文化的再傳承。

　　侗錦已是湘黔桂三省區仍至於在中國著名的少數民族織造藝品，也是中國重要的文化遺產，它可以說是與土家錦、黎錦、苗錦並稱為中國少數民族四大名錦，在國際上取得無數的榮譽。作為侗族傳統文化的代表，侗錦在新時代下，如何才能繼續傳承與發展下去，將獨特的地域文化傳播出去，豐富多彩的侗錦文化元素是文化創意品發展的基礎，通道獨具風格的侗錦文化資源成為侗族在進行文化輸出和轉化產業所具有的資源支撐與文化的保障。侗錦文化的傳播充分表達一個地區文化的影響力、凝聚力和感召力，是一種文化軟實力的表現。世界各國都在挖掘自身的文化資源，並不斷通過服裝、影視、產品設計等不同途徑尋求將自身的文化進行推廣，以到達增強核心競爭力。

（二）侗錦對現代設計的意義

　　侗錦是上千年傳統文化的積澱，也是侗族對美好生活的高度概括和提煉，形成了其獨特的設計理念，這種理念和設計方法對現代設計尤其重要。隨著社會發展的進程與中國改革開放的步法，很多的院校和設計機構紛紛前往設計發達的西方國家學習現代設計藝術，在這個過程中許多民族的設計風格和思路一度向西方靠攏，把傳統的民族民間工藝生疏和丟棄了，這並不是一個渴望成為多元文化展現在地文化應該具備的狀態。通道擁有像鼓樓、簧笙、侗錦等那麼多的傳統文化，如何將它們發揚光大是值得侗族去認真思考的。作為一個侗錦文化重要傳承基地的侗錦傳承人應該注重挖掘自身的傳統侗錦圖紋及其織造技藝，結合現代的產品設計理念，在現代文化創意產品設計中，體現出不可替代的傳統文化內涵；並進行文化創意產品的市場開發研究，努力通過通道侗族傳統技藝文化產品的推廣，達到弘揚通道侗族傳統文化的目的。期待更多的人能參與到弘揚侗錦文化和開發文化創意產品市場的實踐中。

　　從訪談中了解通道縣對於侗錦相關設計的決策領導，如何成就通道侗錦的設計奇蹟，同時，也藉由這群設計掌舵者的建議，釐清通道縣對於侗錦設計團隊的當前問題，可歸納為三個方面簡述如下：

1. 通道縣對於侗錦文化創意相關產業，需要設計大師或經營設計團隊：侗族在傳統織造侗錦布匹時機，僅依依家族需求製作各樣式的背兒帶或侗族服務，久久才有一個設計圖紋的產生，而這些圖紋僅流傳在家族或是鄰近村寨，圖紋需求可以滿足一般侗族社會當中，不太需要特意培養設計大師？但是在現代多樣資訊湧入的同時，又要將侗錦文化傳播面更廣的地方，通道縣雖然沒有亮麗的明星級國際設計大師，但是通道侗錦企業為了求生存，與如設計學院教學合作，或舉辦設計比賽活動，以「設計」換「訂單」，透過「設計」經營「品牌」的務實作法，卻造就通道縣不同設計來源的驍勇善戰團隊，通道縣若能持續公開舉辦各式議題研討會，以推廣傳統侗族（侗錦）文化，對於侗錦設計模式結合外界設計資源，相信揚威國際自可預期。

2. 通道縣需要設計產值或發揮設計價值：侗錦產品設計開發的目的是要將產品成功的「商品化」，也就是透過「設計」創造「產值」，是產業應用設計的主要目的之一。另一方面，如何發揮設計的價值，從設計的文化內涵探討「侗族美學」，已經成為通道縣合作的侗錦設計團隊專業重視的因素，也證明具有實用性質又能賞心悅目的產品，是打動侗錦相關產品的消費群最直接有效的方法。值得一提的是，侗族傳統文化因素亦然成為設計的評鑑指標，證明通道縣在全球化市場的競爭環境下，已然洞察「文化」差異是全球化下產品設計「同中求異」的趨勢。這些轉變說明如何發揮設計的價值，已經是侗族未來在侗錦或是其他侗族相關文化遺產設計產業中必需面對的重要課題。

3. 跨國競爭全球市場・區域文化在地設計：近年來，在消費者導向設計趨勢的影響下，人們開始喜歡個性化或差異化的產品，甚至尋求具有文化認同或表現文化特色的產品，世界各國亦發展出強調自己文化特色的設計風格（Lee，2004；Leong & Clark，2003）。全球化是企業追求成長生存之道，但是企業在追求全球化的過程，如何保留地區特性以營造特色，就益形重要（Moalosi et al.，2004）。因此，通道縣如何將外界的設計觀念，注入侗族本土化、通道在地化，已然成為通道呀羅耶侗錦公司將侗錦產品在向外推廣全球化過程中，如何「同中求異」的方法，並在公司面臨「經濟全球化」的衝擊下，如何強化侗錦文化發揮設計創意，以「設計在地化」營造產品特色，面對這一波「市場全球化」的挑戰，將是未來通道縣發展具有地區特色的侗族文化產品，提升產業競爭力的首要課題。

從侗錦公司逐漸創造各種文化創意產品的各項活動中，意識到「文化」

是一種生活型態，設計是一種生活品味，「創意」是經由感動的一種認同，「產業」則是實現文化設計創意的媒介、手段或方法。因此，就文化的層面來看，設計透過文化創意經由產業實現一種設計品味，形成一種生活型態。文化是花錢的產業，產業也可以成為賺錢的文化。工藝在文化創意設計產業的這一塊，是以地區文化特色經由設計來達成的，所謂「形於產品，用於生活」。其本質是「實務的」，其成果是「務實的」，其價值則是「生活化的」。

設計是文化創意活動，其最終的目的在於形成生活文化，營造人性化的生活環境。另一方面，設計是有目的、有條件、合理化與創造性的綜合造形活動，講求「人與物」互動的「社會性」；到結合「物理機能」與「心理機能」的「合理造形」，注重「人機系統」，考慮「人因工程」；最後，把設計納入「經濟活動」，營造「生活型態」，形成「生活文化」，達到「人性化」的生活環境。

設計的目的在於改進人類的生活品質，提昇社會的文化層次。設計師必須掌握當代社會文化，作為設計參考並將其反應在設計上。未來的工藝設計必須回歸到人文美學的觀點，科技只是技術輔助的工具，不能用來主導設計。未來的設計乃是藝術、文化與科學的整合，以解決社會的問題，並重新定位人類的生活型態。尤其是進入到 21 世紀的數位科技的世界，以「人性」為本，以「文化」為體，以「村寨」為中心，透過文化創意加值村寨產業，行銷侗族織錦文化，創造文化與經濟雙向價值。

通道縣透過設計活動的文化創意方法，創造更多具有時代性的新產品，並不會造成傳統文化的流失，更重要的是注入侗族文化新的元素，在侗族織錦文化上持續注入新價值的時代性發展。

結　論

　　經過彙整關於研究侗族歷史的學者論文中，大致認為侗族是從古代百越的一支發展而來，屬於「駱越」的一支。而侗族形成為單一的民族，則大概是在隋唐宋時期；侗族開始歸附於中央王朝是在唐代，到了北宋時期，侗族各氏族先後也歸附封建王朝，並向朝廷進貢地方特產，以獲得世襲土官，完成自理管理氏族；到了元朝征服「九溪十八峒」，依然沿襲「羈縻」政策。明朝則在侗族地區採用「土流並治」的統治局面，設置了衛、所、屯、堡等軍事機構，以封建統治侗族。再交叉分析文獻與侗族史詩與宗譜中可以確認，明洪武年間侗族又加入一群祖先因戰亂劇烈、四處逃亡，從梧州或江西吉安等地遷移到湘黔桂交界地方定居下來，與當地侗族相互交融，成為現在湘黔桂邊界地區的主體民族。

　　侗族地區屬於中亞熱帶濕潤季風山地氣候區。透過世代的經驗積累，建構一套維護生態資源的知識系統。侗族為了氏族能夠生存發展，所以寄希望於天地，追求人與自然的融洽和諧，因而「風水說」存留在心理意識。從外遷到村寨選址，到內部村寨整體佈局以自然為依託，將鼓樓、迴龍橋、吊腳樓民居組成有機的整體。並透過「以水養寨」的意識，挖掘水井、建設水渠與水塘，結合溪水等水脈使侗寨更有生氣。清代在侗族地區建設農田水利，並善用稻田養魚，創造和傳承了以「稻魚鴨共生」為侗鄉特點的稻作文化。

　　進入到稻作文化社會的侗族，一切生活的資源都依靠自然，形成她們熱愛自然並依傍自然與自然相依相融，侗族模擬大自然中百鳥疊鳴、蟬蟲合唱、流水潺潺、林濤聲聲等，產生了與大自然即人與自然的和諧藝術，這種「和聲」音樂藝術審美效果，促使侗族大歌形成更加立體和優美的音樂形象。侗

族的想像力和審美力以及自由瀟灑的藝術心靈與從容達觀及自由和諧的人格秉性與生存態度，也表現在侗錦織造的服飾圖紋上。

侗族因與其他民族交錯雜居，侗族祖先透過制訂內部法則「款文化」，加強族內的團結與交往，這精神意識亦是組成今日侗族和階社會的重要價值觀念。另一項表維持社會穩定，處理人與社會組織之間關係的法治觀念和法治精神，即是——「補拉」組織。達到對內實行自治和管理，對外調解矛盾糾紛，保護本民族的利益和權利不受侵犯的目的。

一、侗錦文化的發展與研究

侗族將其織錦稱之為 yal lengc，在學術上則直接稱為侗錦，其令人著迷之處，除了織造成品精細的工藝之外，在圖案與色澤方面更具吸引力；其主要原因是侗錦的設計具有一定的文化根基，因為其細節與侗族文化的發展關係密切。從出土的考古物件與侗族口傳文學交相對照之下，可以保守地推論在戰國時期侗族先民就已經開始了初步的紡織工藝。

侗族服飾的變化和發展也在一定程度上影響了侗錦的發展。從侗錦的布料方面來看，用於製作侗族服飾的布料依次為樹葉樹皮，草本蔓莖，葛布，麻布，絲綢等，再到棉布，最後為現今的化工布料。在遠古時期，侗族的先民們只能將樹皮樹葉連在一起作為衣服，沒有染料、印染工藝、刺繡技藝等，到後來，這些都有了而且侗族的先民們還能夠織錦、佩戴銀飾了。

侗族在歷史發展過程中屬於「母系氏族社會」，侗錦文化是侗族婦女在漫長的歲月裡經過辛勤的專研磨練所形成的一種文化現象，紋樣顯示對大自然的觀察所產生獨特的審美情感，進而提煉成抽象圖案。

很多學者對於侗族藝術類型，或詳細說對侗族服飾藝術始終不如其他學門般地系統化，缺乏全面探討與分析。遲至 2004 年才有第一篇專題論文。2010 年北京中央民族大學的周夢完成了博士論文〈苗侗女性服飾文化比較研究〉。雖然以服飾為探討領域，但觸及紋樣部分的探討就提供了侗錦研究的參考資料。在侗錦研究與製作中，有三位專家佔有重要地位，一是侗錦織造技藝的國家級傳承人栗田梅女士、以及省級傳承人吳念姬女士；另一位則是張柏如先生，他畢身研究侗錦，將侗錦的文化意涵作出透徹分析，更重要的是他將侗錦的資料加以整理，促成侗錦的價值不再只是停留在民間技藝的層次；換言之，侗錦織造技藝之得以成功通過人類非物質文化遺產的審查，前人張

柏如的基礎研究貢獻匪淺。近年湖南省通道縣將前人相關服飾研究集結出版
的《中國湖南通道侗族文化遺產集成第四輯・服飾大觀》，具有很高的資料性
和權威性。

　　侗錦獨特織造的方法，為帶有竹花筒的通經通緯提花織物。織物以白色
棉紗作經線和底面，以靛藍棉線為底緯，以五彩絲、棉為主要花緯，通經斷
色緯，挖花挑織而成。通常完成整幅侗錦必須經歷工藝繁複的十多道工序，
如軋棉、紡紗、染紗、絞紗、絞經、排經、織錦等，並且整個製作都是由手工
操作來完成。侗錦花紋則透過挑花工藝來完成。侗錦是侗族婦女的主要傳統
手工藝，也是少數民族織造技藝當中獨特的織造技術，而且是縮短織造繁複
工序的高效率技術。

二、侗錦審美與文化價值

　　中國繪畫對織錦造型的影響主要表現在工藝裝飾風格上，不論是侗族織
飾或是中國大陸少數民族服飾紋樣大多以繪畫有關聯，繪畫始終蘊含在工藝
裝飾中。與其他繪畫藝術相比，織錦圖案算是一項以線造型的一門藝術，此
種技法不考慮光線的明暗，僅借助不同色彩的紗線即可營造特有立體的質感、
空間感以及圖案。

　　侗錦的抽象圖案應該是與百越民族早期圖紋的創作與生存環境有極大的
連結。創作者並不追求形象的真實性，追求的是形象背後的某種情趣和意象，
如菱形線條，有的是竹根花或蜘珠紋，複雜一點的，有龍形紋、魚骨紋、太陽
紋等。這些幾何線條，看似縱橫交錯，輕率簡單，其實都有著深度的內涵。它
們或是侗族早期族人的記事方式，或是配合說明某件事情，或是和某種神秘
的圖形相伴，或隱喻某種觀念。而符號圖案則更不要求形似，但求神似如人
形紋、八角花等。符號性作品之所以會產生眾多的豐富意涵，就是因為它通
過大量的攝取、消除具體物象的非本質屬性，高度概括而成。這也就是侗錦
圖案藝術中的特點之一：變形誇張。而侗錦組織化的圖紋顯得古老而神秘，
保持著鮮明的民族風格，使之在織錦藝術中獨樹一幟，風韻獨具。

　　「應物象形」當屬寫實主義的風格特徵。侗錦的構圖一般都由母體圖案
和子體體圖案組成。母體圖案在織繡品的中心位置，子體圖案圍繞母體圖案
分佈在周邊，大多具有母體突出，子體陪襯和諧，主次分明，結構謹密的特
點。因此，從空間關係看，侗族織錦圖紋只有上下、左右，而無前後遠近之

分，沒有近大遠小的透視關係。

從通道縣圍腰侗錦中的圖紋，絕大多數分佈在垂直軸線的左右兩側，這樣的形式都是侗族織造藝人本於均衡對稱原則安排圖像形態的鮮明例證。而侗裝的均衡設計法則如圍腰對腰部與臀部裝飾構成的均衡，以及下裙擺上的銀片和銀花與裙擺均衡的花紋圖等。局部結構中的花紋結構也是運用均衡設計法則，圖紋的豐富變化來增強動態感同時也不失穩定感和均衡感。在通道縣獨坡鄉繡錦，需要對一些圖形的基本形狀進行強調、劃分，則形成了非均等節奏感。這種節奏感，克服均等節奏的單調呆板，具有更為豐富多樣的形式美感。

侗族織錦除了用於保暖御寒外，也能體現侗族的生活美學，從研究中發現侗錦對侗族來說包含幾個社會功能；其一，侗錦製作是一個耗時耗工的工作，這在某種程度上表現了侗族婦女勤奮的功勞；其二，在侗錦織造前所使用的紡紗工具，則是具有傳情的媒介功能，即以竹管傳情。除了紡紗用的紡車之外，少女也會在織造侗錦時，運用織布機的壓板的聲音來表達：「我們在這裡正等著你們到來對歌。」；其三，侗族禮品交換的功能，侗錦不僅在贈送的過程中能夠傳達對新生兒的情感，也表達對親友祝福與節哀之意。其四，侗錦在祭祀時，充當敬神敬祖敬「薩歲」的祭祀品。

侗錦寓意深厚，不但內蘊著社會特點、生產方式，還反映了宗教信仰、民族特徵、折射出侗族豐富的審美情趣和審美心理特徵。在侗族村寨之間形成了一種以「薩」為核心的侗族信仰過程，集「自然崇拜」、「圖騰崇拜」、「祖先崇拜」為一體，並延伸發展出帶有「生殖崇拜」涵意的民族傳統信仰。

三、侗錦文化的變遷與適應

從侗族當代織錦與傳統織錦比較，種類和數量都有提升許多。但是，是傳統侗錦圖案明顯的應用在現代社會商品中的數量出現了遞減的現象。縱使侗錦的傳統圖案就像是抽象的語言，但是卻因為現代市場迎合顧客喜好的篩選機制，以致常用的傳統圖案卻低於總數的一半；換言之，這些侗錦商品常用圖案的應用只是為了迎合現代市場的時尚，對於不受顧客青睞的圖案就自然地被封存。這表示侗族織錦已從供應族人的日常生活勞動，轉向應用於民族文化的展示，市場化已然逐步決定商品的內容，侗錦審美的變與不變，顯然已經受到市場機制的左右。面對傳統侗錦，想讓傳統不走樣地保留下來是

不切實際的。但是老人一旦逝去後，他們的歷史記憶和獨特的技藝也將隨之而去。所以在保存侗錦的問題方面，侗族地區透過多次專家會議探討如何更完善地利用影像技術記錄保存侗錦的織造技術，筆者曾經親身在侗寨學習侗錦織造技藝，對於每一工序進行深入的調查和研究；並結合筆者以往對於文物數位化的執行經驗，提供建議，期望對侗錦織造技藝傳承有所貢獻。

　　侗錦織造技藝傳承人具有自身的文化主體性，但同時他們對侗錦文化傳承行為還受到外界文化大環境的制約和影響，亦即侗錦織織出的圖紋還是需要適應外來觀賞者的審美感受，由此在某種程度上陷入難以兩全其美的困境。侗族意識到，唯有讓侗錦迎合外來觀賞者的審美感受才能有更大的發展空間。為了讓侗錦在活化中保護、傳承與發展，歐瑞凡與栗田梅在縣城和村寨開辦的博物館、傳習所以及「侗錦工作坊」，歐瑞凡還建立了一個原生態的「啞哇帕哇侗族歌舞藝術團」，到處參與展銷系列活動。

　　栗田梅很開心看到外界對侗錦的喜愛。為了讓更多人瞭解侗錦和桐鄉，她改進原有的技術，把更多的圖案變得形象生動。現在，古老的民間工藝品侗錦也有了新的用途，織成了新款式的背包、壁掛、被面等，出現在市場成為了搶手貨，新的活力注入了侗鄉經濟建設，更豐富了侗錦文化。

四、建立非物質文化遺產保護制度的過程

　　縱觀世界各國保護非物質文化遺產的現狀，它們都形成了具有各國特色的保護模式，為中國不完善的保護現狀提供了很多成功的經驗和啟示。

　　日本引入了歐美等國文化遺產和非物質文化遺產的保護模式，結合無形文化財的「登錄制度」和「指定制度」。亦即將文化遺產和非物質文化遺產進行註冊、登記，通過登錄認定文化遺產和非物質文化遺產的資格，確定它們的歷史與文化價值。韓國根據《文化財保護法》，韓國政府把非物質文化遺產按照價值大小分為不同級別，將已確定的具有重要價值的國家級的非物質文化遺產給予 100%的經費保障。對文化傳承人的公演等活動及他們用於研究、發展技能等方面的費用，則全數由國家補助。並重視利用非物質文化遺產來促進旅遊的發展，同時通過現代觀光旅遊推動非物質文化遺產的保護和發展。把民俗村等文化空間的活動組織得有聲有色，成為很受歡迎的旅遊地。韓國還十分注重民俗節和祭祀活動來吸引遊客。法國對原有《景觀保護法》進行了大規模修改，並頒佈《歷史街區保護法》，更在 1973 年頒佈《城市規劃法》，

一同建構了法國歷史建築與歷史街區保護工作中最為重要的法律依據。不但對已經進入本國遺產名錄的文化遺產提出了更加嚴格的保護要求，為保護景觀的完整性，該法案還同時對這些文化及自然景觀周邊環境的保護提出具體辦法。也提供保護歷史建築的最好辦法，便是對歷史街區實施整體保護策略。

透過上文簡述，我們可以清楚地看到，國外政府在非物質文化遺產保護工作，有許多值得我們學習和借鑒的地方。首先，各國都從其國內具體的情況出發，制定了適宜的保護非物質文化遺產的法律法規，例如日本和韓國的《文化財保護法》。其次，擁有合理而嚴謹的組織管理體系。

國外在非物質文化遺產的保護過程中，特別關注「傳承人」。日本和韓國不僅給「人間國寶」或者「保持者」提供增強技能方面的幫助，而且還給予經濟上的保障，便於他們在傳承和傳播文化的過程中無後顧之憂。此外，在日、韓等國的文化遺產保護工作中，尤其是文化遺產的調查、研究、審查、認定以及收集、保存等一系列的工作進程中，文化人類學者和民俗學者發揮了非常重要的作用。

在國際力量的推動下，中國大陸相應的措施是以「政府主導、社會參與，明確職責、形成合力；長遠規劃、分步實施，點面結合、講求實效。」為推行非物質文化遺產保護工作的原則。國家政府應付起滿足社會需要、向社會提供公共品中的責任，所以，政府有能力在非物質文化遺產保護中發揮主導作用，並且要證明國家搶救模式是一種確實有效的非物質文化遺產保護的基本模式。

在地方政府則是確保國家關於非物質文化遺產的保護政策落實地方，並且得到有效的執行；其次在中國大陸法律法規的許可範圍內，積極有效的地根據地方非物質文化遺產保護的實際情況，從對非物質文化遺產保護活動的「主導」逐步向「引導」過渡。以因勢利導，來激發群眾的民族文化熱情，鞏固與加強民族文化的自生機制，促使民族藝術由內向外持久地煥發生命活力。通過以尊重民間文化傳承主體的主導地位，為文化遺產的創新發展營造寬鬆環境，來創造針對性比較強的地方性的保護政策。

地方政府的角色還需要透過培養群眾的文化自覺、鼓勵社會參與，透過提供一個良好的制度環境和激勵機制，來實現社會參與，採取引導式的要邀當地的侗族來參與保護工作。同時學者也是重要的研究資源，在發揮政府主導作用的同時也不可忽視專家學者的指導作用，以對保護非物質文化遺產工

作的開展提供富有理論性的方針。政府要明確自己的角色，首先要通過立法
來強化政府角色，政府職能，也要有明確的保護責任主體觀念。

　　在通道縣政府積極引導縣內侗族參與保護工作項目，營造出一種全民動
員的氛圍和環境等；亦即在舉辦的各項活動中，民眾是主體，特別注重引導
各鄉鎮侗寨居民。編制了《通道侗族自治縣可持續發展實驗區建設總體規劃
（2013～2016）》，建設從發展民俗生態旅遊產業、民俗文化保護與開發等六
個方面擬定 36 個可持續發展實驗區優先示範工程項目。其中就把非物質文化
遺產（侗錦）創意設計與開發平臺建設專案納入 36 個優先示範工程項目之
中。

　　通道縣在第六個世界文化遺產日宣傳活動時，以遊行宣傳、廣場文藝演
出、文化遺產圖片展、全民讀書等四個主題活動。主要展示通道縣的文化遺
產，並彰顯民族文化的巨大魅力，積極地加強宣傳了通道縣文化遺產的挖掘
和保護的作用。通過文化遺產日，宣傳擴大非物質文化遺產的保護，喚起全
社會的關注，讓更多的侗族共同享受非物質文化遺產保護的成果，並結合更
多的族人力量共同保護非物質文化遺產。

　　通道侗族自治縣的歐瑞凡與侗錦傳承人栗田梅在通道縣堅持「保護為主，
搶救第一，合理利用，傳承發展」的原則，秉承「政府引導，市場主導」的理
念，通過侗錦產業的開發，使瀕臨失傳的侗錦織造技藝得到了保護、傳承和
發展。也就是說，政府的角色較多是採取政策層面的支持以及民間參與傳承
發展的引導；雖然市場經濟發展是必經之途，在充分合理運用民間組織參與，
來推動保護工作，是當今政府的政策方向。

　　在國家級非物質文化遺產專案代表性傳承人認定上，其主要目的在於搶
救侗錦織造的技藝與傳承脈絡，充分地考慮到指定的非物質文化遺產傳承人，
是侗錦織造技藝的重要代表。在選擇侗族織造技藝傳承人時，主要考量農家
侗錦織造的技師，而非選擇買賣侗族服飾的工匠。主要是前者作為侗族服飾
的裝飾，在侗族傳承悠久的歷史，是侗族服飾文化的符號，而工匠只是現在
侗族工業的新標志，缺乏作為民族文化符號的歷史內涵，並沒有融入侗族文
化之中。從社會文化資源分布與普傳承人的生活狀態來看，通道縣侗錦織造
技藝傳承人，兒時從母親及親友習得織造技藝，又從研究侗錦符號的專家學
者認識了符號的意涵，使得侗錦織造技藝在他手上繼續發揚光大，成為侗錦
織造技藝的傑出傳承人。

　　由於傳承人是非物質文化繼續發展的關鍵環節，因此在立法上有必要對傳承人給予相應的保護。然而，完全依靠政府預算，其財力畢竟有限，湖南省借鑒日本、韓國的成功經驗，為了鼓勵社會力量的參與模式。通道縣政府依據《湖南省非物質文化遺產項目代表性傳承人認定與管理辦法》，提供減免稅的優惠措施給予相關投資開設非遺項目的推廣社團，其中設立侗錦公司，以擴大相關保護非物質文化遺產公益基金。出於有效傳承的需要，侗錦公司在尋找傳承侗錦織造技藝的傳習人方面，讓傳承人與傳習人從原來封閉的家族式傳承轉為大眾的公共資源，政府對於所需要的費用給予經濟補償，這將有利於延續侗錦傳承。這是通道縣因村寨之間區隔很遠，施行多樣化的侗錦傳承方式。傳承人倘若每年未達三個月以上的時間在從事傳承活動，將依規定取消榮譽和相關待遇，以提高對傳承人的有效傳承任務服務品質。然而目前只是以部門規章及地方性法規的形式出現，法律效力較低，規定內容也比較粗糙。鑒於此，筆者認為應當針對傳承人保護的問題制定法律。

五、侗錦博物館化保護

　　在中國這個以政府為主導由社會各界廣泛參與的保護項目中，博物館具有獨特的優勢。從歷史上來看，在中國博物館的發展過程中，政府一直扮演著幕後指導的角色。研究、搜集、收藏、展演等博物館的一般功能，最後常常歸結到一個功能最為主要的教育推廣目標。張柏如先生進入到通道縣文化館，很早就關注侗錦的文化，並積極地下鄉參與文化調查工作，以前瞻性的眼光對侗錦圖紋符號的進行了收集整理資料。

　　2006 年初春，中國國家博物館主辦了第一次中國非物質文化遺產展覽之後，民眾對「非物質文化遺產」越來越關注。而且，隨著對博物館理論的深入研究，「文化遺產」的內涵不斷拓展和深化，非物質文化遺產逐漸被列入博物館的保護範疇。地方綜合性博物館作為中國博物館的主流當然義不容辭。

　　在進行非物質文化遺產織造技藝項目的博物館化保護研究過程中，博物館化實質包含兩個含義，一是非物質文化遺產織造技藝項目的變化，來適應現有體制下博物館式的保護；二是博物館形式增加，內涵豐富，博物館文化遺產保護理念的「提升」，將實現對非物質文化遺產織造技藝項目的保護。

　　通道侗錦織造技藝在 2008 年 2 月列入國家級非物質文化遺產名錄，隔（2009）年 11 月在縣文化局的關心和幫助下，成立了通道侗族自治縣侗錦織

造技藝發展有限公司，並圍繞地方特色實施「生態立縣，旅遊興縣」的目標努力活化侗錦產業。2010年8月在皇都侗族文化村建立湖南侗錦博物館，並成立了通道侗族自治縣侗錦傳習所。侗錦織造技藝進入博物館之後，向參觀者進行侗族織錦的展示，以及侗錦織造技藝的現場展演；透過靜態展示與動態展演方式，使參觀者能夠瞭解基本侗錦的發展歷史、織造技藝的工序流程，並且能夠清楚侗錦獨有的藝術特色。

對於這些侗錦織造技藝的整理、保護、展示等工作都是需要傳統博物館專業人員參與，這是傳統博物館在新文化遺產保護理念下義不容辭的責任。在文化遺產理念的不斷進化和發展，在理論和實踐的層面上對博物館收藏和保護功能的影響非常深刻。在生態博物館理論進入中國文化遺產保護領域的同時，文化生態學理論和文化生態保護理念也逐漸為中國學術界和文化遺產保護領域所認同並積極實踐。2013年開始，湖南省侗學會副會長石佳能提出了建立「湘黔桂三省坡侗族文化生態保護實驗區」的構想，目前，研究侗族地區文化發展較大的民間機構是「中國少數民族文學學會侗族文學分會」及湘黔桂三省區的侗學會，它們的主要活動局限在開展一些學術研討和交流活動，逐一實踐侗族文化生態保護實驗區的誕生。

文化生態保護區是一個與民眾的生產生活密切相關的社區，社區民眾是該社區內一切物質文化和非物質文化的創造者、享有者和傳承發展者，理所當然也是該社區保護工作中最直接的參與主體。在中國現代社會的基本架構下，「湘黔桂三省坡侗族文化生態保護實驗區」期望能夠在政府、學者、民眾三者的配合，以及市場機制的制衡之下，實現以民眾為主體，學者輔導，政府支援為原則，並在時代性的市場機制自然的轉化。

六、活化侗錦的文化創新

隨著各地對非物質文化遺產在旅遊業開發利用的範圍逐漸加大，旅遊業在非物質文化遺產「保護者」的身份逐漸受到質疑。文化商品化的趨勢似乎是不可逆轉，但是它同樣也會促進文化真實性內涵的發展，許多地區旅遊開發的實踐就也表明，正是旅遊發展促使了非物質文化遺產的保護。國外許多旅遊人類學者早期的研究也表明旅遊加速了當地文化與外來文化交融的步伐，引入了新的文化因素，遊客的到來，刺激了當地傳統藝術、手工藝品等的復興。

　　侗族地區在普遍共識「文化搭台、經濟唱戲」的政府政策下，透過通道縣目前開發侗鄉旅遊的實踐，基本上有三種思路和模式：一是對侗族原生文化的直接活化利用，即讓遊客直接體驗到所謂原汁原味的異文化魅力；其二是透過學者專業進行研究，以加強景點的文化內涵，從而吸引更多層之和更多類型的遊客：其三是直接建造具有傳統侗族文化風格的現代文化公園，例如通道縣「獨岩侗民族風情園」，也能品味到侗族原生文化給人帶來的樂趣。

　　在以上所言的三種活化模式中，最令人擔憂也是最為人談論的是第一種模式，即直接活化利用模式。絕大多數的學者都認為，這種活化方式對於侗族原生文化的損害最大，根據筆者前往多次的觀察與個案調查，通道的活化模式有成功的，也有失敗的。成功的即是既能保持原生文化的生態環境免遭破壞，又實現了旅遊開發和經濟增長，是一種雙贏的局面；而失敗的則剛好相反，犧牲了原生文化的生態環境為代價，大部分以經濟增長而沒有文化保護的概念，這樣的活化注定無法永續經營。通道侗文化長廊與三省坡文化生態旅遊與當地非物質文化遺產基本符合侗族傳統的「和諧共生模式」，目前呈現出非物質文化遺產保護與旅遊業發展平衡的局面，當地居民也對旅遊普遍抱以支持歡迎的態度，但一些負面效應也開始顯現。文化旅遊地的保護問題困擾著社區的居民，也同時困擾學術界。筆者認為文化的保護不應該阻礙文化的自然發展，保護應該是讓文化順其自然的發展，讓村寨族人接受新的先進文化的同時，自覺的不遺棄本民族有特色的優秀傳統文化。這才是文化保護的理想狀態。在這種理想狀態下，村寨旅遊實現可持續發展的同時，村寨的經濟得以發展。

　　如何使現今侗錦藝術體現出深厚的民族文化底蘊和鮮明特色，同時又能避免僵化，這將是現今侗族繼續發展的問題。既要尊重傳統藝術的獨特性，體現侗族的審美心理，又要反映現代人的內在精神追求。在侗錦藝術的設計中，既要「尋根」，同時又要注重創新，注重設計的延續性。

　　目前侗錦得到政府大力的推介，侗錦運用於現代旅遊紀念品設計中具有一定的可行性。在許多可以販售侗錦的活動中，但一般素人因為消費者對於侗錦文化的認知有限，對於侗錦織造技藝的認知在於媒體上的傳播，因此在選購侗錦產品時，會優先選購買國家級傳承人的侗錦產品。這種行為模仿或觀點傳染的從眾行為在文化創意產業中相當明顯。

　　根據縣政府人員的瞭解，至 2014 年通道侗錦產業仍依託可持續發展實驗

區的建設，整合資源優勢，文化創新、發展創新，逐漸形成「設計、生產、銷售和服務」一體化的新型文化產業鏈。目前侗錦織造技藝所衍生各種腰枕、靠枕、桌旗、茶杯墊、掛壁、圍兜、手機袋、背袋、提袋、錢包、小飾品等 30 多個品種，產品深受國內外消費者的廣泛青睞。在創新的過程中，有著變與不變的思維。1.技術設計的傳承與創新。2.再次將傳統文化內涵進行準確的定位，提煉、設計、創新圖案。3.設計風格上要大膽突破，力求圖案、色彩的設計與產品種類的完美融合。儘管侗錦藝術應用於多個種類的產品設計中，但是侗錦公司還意識到使用者還停留在成人用品上，較少設計在傳統侗錦幼童的產品，故目前也積極加強開發應用在兒童用品的開發設計上，比如玩具、用品、書籍的設計中，所謂的教育要從娃娃抓起，文化的傳承也可以在從小接觸本土文化中潛移默化的影響。以延伸侗族傳統製作侗錦的代代相傳的侗錦文化。

　　族人民日常生活中各方面的元素都滲透到族人的精神文化意識當中，作為文化體現的載體，其圖案造型各異、寓意豐富，這些都與侗族具體的心裡需求和精神活動息息相關。紀念品作為禮品饋送給對方，他並不是為了滿足對方的欲望獲對自我的炫耀，而是為了表達對受贈者的情感。好的寓意當然會受到每個人的欣賞和喜愛。「侗錦」中各種圖騰崇拜都代表著美好的祝福與期望。將美好寓意融入到紀念品設計中、融入了對旅遊地的喜愛與無限思念，以此去感動對方。

　　侗錦文化在文化創意產業發展中的意義侗錦文化的傳播充分表達一個地區文化的影響力、凝聚力和感召力，是一種文化軟實力的表現。對於侗錦相關設計的決策領導，如何成就通道侗錦的設計奇蹟，同時，也藉由這群設計掌舵者的建議，釐清通道縣對於侗錦設計團隊的當前問題，可歸納為三個方面簡述如下：（1）通道縣對於侗錦文化創意相關產業，需要設計大師或經營設計團隊（2）通道縣需要設計產值或發揮設計價值：（3）跨國競爭全球市場・區域文化在地設計；設計的目的在於改進人類的生活品質，提昇社會的文化層次。設計師必須掌握當代社會文化，作為設計參考並將其反應在設計上。

　　通道縣透過設計活動的文化創意方法，創造更多具有時代性的新產品，並不會造成傳統文化的流失，更重要的是注入侗族文化新的元素；是一種加乘的效果，在侗族織錦文化上持續注入新價值的時代性走向。

參考文獻

一、中文專書

1. 王錦（修），吳光升（纂），1764／2003，《柳州府志》。北京：京華出版社。

2. 王詠，2009，《國家民間文化遺產：社會學視野中的吳地古琴變遷》。南京：江蘇人民出版社。

3. 王彥，2006，《侗族織繡》。昆明：雲南大學出版社。

4. 王禎（元），1939，《農書》收入「萬有文庫簡編」。上海：商務出版社。

5. 王文光、李曉斌，2007，《百越民族發展演變史——從越、僚到壯侗語族各民族》。北京：民族出版社。

6. 王宏鈞，2001，《中國博物館學基礎》。上海：上海古籍出版社。

7. 王錦修、吳光升編著，2003，《柳州府志》。海口：海南出版社。

8. 中國少數民族修訂編輯委員會編，2009，《中國少數民族（修訂本）》收入「國家民委民族問題五種叢書」。北京：民族出版社。

9. 中國藝術研究院中國民族民間文化保護工程國家中心，2005，《中國民族民間文化保護工程普查工作手冊》。北京：文化藝術出版社。

10. 石開忠，2009，《侗族款組織及變遷研究（貴州民族學院學術文庫）》。北京：民族出版社。

11. 石願兵，2014，《通道侗語詞語》。長沙：湖南人民出版社。

12. 田汝成，明萬曆，《炎徼紀聞·卷四·蠻夷條》，頁 18，引自中國哲學書電子化計劃網，查詢時間：2013 年 5 月 13 日，網址：http://ctext.org/zh。

13. 朱輔（宋），1985，《溪蠻叢笑（一卷）》，收入「叢書集成新編第 91 冊」。台北：新文豐出版社。

14. 朱狄，1988，《原始文化研究：對審美發生問題的思考》。北京：三聯書店。

15. 伍福新、李昌俊、彭繼寬編著，2006，《湖南民族關係史》。北京：民族出版社。

16. 牟延林、譚宏、劉壯，2010，《非物質文化遺產概論》。北京：北京師範大學出版社。

17. 宋濂等（撰），1976，《元史》第二冊。北京：中華書局。

18. 何星亮，1992，《中國圖騰文化》。北京：中國社會科學出版社。

19. 吳敬梓，1977，《儒林外史》。北京：人民文學出版社。

20. 阿諾德·豪澤爾（HauserArnold）（著），居延安（編譯），1988，《藝術社會學》。臺北：雅典出版社。

21. 余謀昌，2001，《生態文化論》。河北：河北教育出版社。

22. 希爾斯（E. Shils）（著），傅鏗等（譯），1992，《論傳統》。台北：桂冠出版社。

23. 李宗昉（修編），2003，《黔記》3，收入「中國西南文獻叢書第二輯·西南稀見叢書文獻」6。蘭州：蘭州大學出版社。

24. 李樹文等，2011，《非物質文化遺產法律指南》。北京：文化藝術出版社。

25. 李延壽，1982，《北史一百卷》，收入「二十五史」。臺北：藝文出版社。

26. 沈庠、趙瓚等（纂修），1996，《貴州圖經新志》7，收入「四庫全書存日叢書·史部一九九冊」。臺南：莊嚴文化事業有限公司。

27. 冼光位（主編），1995，《侗族通覽》。南寧：廣西人民出版社。

28. 林良斌、吳炳升（編），2008，《服飾大觀》收入「中國湖南通道侗族文化遺產集成第四輯·中」北京：中國國際文藝出版社。

29. 林良斌、吳文志（編），2011，《和諧侗鄉》。長沙：湖南人民出版社。

30. 岑家梧，1937，《圖騰藝術史》。北京：商務印書館。

31. 林耀華，1998，《民族學通論》。北京：中央民族大學出版社。

32. 尚廓，1995，〈中國風水格局的構成、生態環境與景觀〉，收入王其亨主編《風水理論研究（二）》，台北：地景出版社。

33. 亞里士多德（著），吳壽彭（譯），1996，《政治學》。北京：商務印書館。

34. 侗族簡史編寫組，1985，《侗族簡史》。貴陽：貴州民族出版社。

35. 侗族簡史修訂編寫組編，2008，《侗族簡史（中國少數民族簡史叢書）》。北京：民族出版社。

36. 金鉷等（監修）、錢元昌等（編），2006，《廣西通志》。臺北：臺灣商務印書館。

37. 故宮博物院（編）、蔡宗建（修），龔傳坤（纂），2001，《鎮遠府志》，收入「故宮珍本叢刊（224）·貴州府州縣志（3）」。海口：海南出版社。

38. 范成大，1937，《桂海虞衡志·志蠻篇》，吳琯，《古今逸史》19，上海：上海商務印書館。

39. 保羅·薩繆爾森、威廉·諾德豪斯（著），蕭琛（譯），1999，《微觀經濟學》。北京：華夏出版社。

40. 姜彬，1992，《吳越民間信仰民俗》。上海：上海文藝出版社。

41. 柳宗悅（著），張魯（譯），2013，《日本民藝之旅》。台北：遠足文化事業股份有限公司。

42. 苑利、顧軍，2009，《非物質文化遺產學》。北京：高等教育出版社。

43. 陳國強（等撰），1988，《百越民族史》。北京：中國社會科學出版社。

44. 陸游（宋），1979，《老學庵筆記》，北京：中華書局。

45. 徐家幹，2003，《苗疆聞見錄》，收入「中國西南文獻叢書第二輯·西南稀見叢書文獻」14。蘭州：蘭州大學出版社。

46. 徐建融，2000，《美術人類學》。黑龍江：黑龍江美術出版社。

47. 徐松石，1936，《泰族壯族粵族考》。北京：中華書局。

48. 徐松石，1939，《粵江流域人民史》。北京：中華書局。

49. 徐松石，2005，《東南亞民族的中國血緣》。桂林：廣西師範大學出版社。

50. 班固（漢）、顏師古（唐）（注），楊家駱（主編），1978，《新校本漢書》。台北：鼎文出版社。

51. 章貢（唐），1989，《雪心賦》。新竹：竹林書局。

52. 曹兵武，2005。《記憶現場與文化殿堂：我們時代的博物館》。北京：學苑出版社。

53. 梁聚五，2007，《苗夷民族發展史》。貴陽：貴州大學出版社。

54. 張柏如，1994，《侗族服飾藝術探祕》（上服飾篇、下圖紋篇）。臺北：臺灣漢聲雜誌社。

55. 張柏如，1998，《走出厄運：奔向金色的黃昏》。邵東：邵東縣印刷廠。

56. 符太浩，2003，《溪蠻叢笑研究》。貴陽：貴州民族出版社。

57. 張澍，2003，《續黔記》6，收入「中國西南文獻叢書第二輯·西南稀見叢書文獻」6。蘭州：蘭州大學出版社。

58. 張一民，1985，《西甌駱越考——百越民族史論叢》。南寧：廣西人民出版社。

59. 張駿逸，2009，《侗族建築藝術的理論與實際：以湖南省通道縣芋頭侗寨為例的探討》。台北：政大民族系。

60. 張保願（翻譯整理），1986，《嘎茫莽道時嘉·侗族遠祖歌》。北京：中國民間文藝出版社。

61. 張紫晨，1985，《中國民俗與民俗學》。杭州：浙江人民出版。

62. 徐家幹，2003，《苗疆聞見錄》，收入「中國西南文獻叢書第二輯·西南稀見叢書文獻」14。蘭州：蘭州大學出版社。

63. 黑格爾（著）、朱光潛（譯），1997，《美學》第一卷。北京：商務印書館。

64. 莊為璣（著）、百越民族史研究會（編），1982，〈建國以來對百越民族的歷史研究——關於東越與南越和西越的族源問題〉，收入《百越民族史論集》。北京：中國社會科學出版社。

65. 黃興球、韋順莉（編），2003，《中國南方民族歷史文選》。南寧：廣西民族出版社。

66. 彭兆榮，2004，《旅遊人類學》。北京：民族出版社。

67. 黃貞燕，2008，《日韓無形的文化財保護制度》。宜蘭縣：國立臺灣傳統藝術總處籌備處。

68. 黃淑聘、龔佩華，1998，《文化人類學的理論和方法》。廣州：廣東高等教育出版社。

69. 黃淑聘、龔佩華，2004，《文化人類學理論方法研究》。廣州：廣東高等教育出版社。

70. 馮天瑜、何曉明、周積明，2006，《中華文明史》。上海：人民出版社。

71. 馮驥才、白庚勝主編，2007，《中國民間文化杰出傳承人名錄》。北京：

民族出版社。

72. 湯恩比（Arnold Josnbee），2002，《藝術的未來》。南寧：廣西師範大學出版社。

73. 華梅，2001，《服飾與中國文化》。北京：人民出版社。

74. 張國雲，2011，《貴州侗族服飾文化與工藝》。蘇州：蘇州大學出版社。

75. 張瑛，2005，《西南彝族服飾文化歷史地理暨民族服飾旅遊資源開發研究》。北京：民族出版社。

76. 楊庭碩、潘盛之（編著），2004，《百描圖抄本匯編》。貴陽：貴州人民出版社。

77. 楊保願，1986，《嘎茫莽道時嘉——侗族遠祖歌》。北京：中國民間文藝出版社。

78. 楊國仁、吳定國（編），1985，《侗族禮俗歌》。貴陽：貴州人民出版社。

79. 楊昌鳥國，1997，《苗族服飾——符號與象徵》。貴陽：貴州人民出版社。

80. 楊國樞，1996，《文化心理學的探索》。台北：台灣大學心理學系本土心理學研究室。

81. 楊權、鄭國喬（整理譯注），1988，《侗族史詩——起源之歌》。瀋陽：遼寧人民出版社。

82. 廖君湘，2007，《南部侗族傳統文化特點研究》。北京：民族出版社。

83. 鄧啟耀，1991，《民族服飾：一種文化符號——中國西南少數民族服飾文化研究》。雲南：雲南人民出版社。

84. 劉錫蕃等，1945，《嶺表紀蠻》。台北：南天書店。

85. 鄧敏文，1995，《沒有國王的王國——侗款研究》。北京：中國社會科學出版社。

86. 錢穆，1971，《中國文化精神》。台北：三民書局出版社。

87. 龍玉成，1988，《侗族情歌》。貴陽：貴州人民出版社。

88. 黔東南苗族侗族自治州文藝研究室貴州民間文藝研究會（編），1981，《侗族祖先哪裡來（侗族古歌）》。貴陽：貴州人民出版社。

89. 盧梭（Jean Jacques Rousseau），1982，《社會契約論》。北京：商務印書館。

90. 聯合國教科文組織，2003，《保護非物質文化遺產公約》。上網日期：2010

年 4 月 15 日，檢自 http://www.chinaich.com.cn/class11_detail.asp?id=91。

91. 戴平，2000，《中國民族服飾文化研究》。上海：上海人民出版社。

92. 鄺露，1967，《赤雅》。台北：藝文印書館。

93. 鄺露，1985，《赤雅三卷》收入「叢書集成新編」。臺北：新文豐出版社。

94. 顏恩泉，2004，《雲南苗族服飾的傳統與發展》。台北：唐山出版社。

95. 顧軍、苑利，2005，《文化遺產報告：世界文化遺產保護運動的理論與實踐》。北京：社會科學文獻出版社。

96. 鐘賢巍，2004，《旅遊文化學》。北京：北京師範大學出版社。

97. 鐘濤，2007《中國侗族》。貴陽：貴州民族出版社。

98. Edward Shils（著），傅鑑等（譯），1992，《論傳統（Tradition）》。台北：桂冠出版社。

99. Clifford Geertz（著），韓莉（譯），2002，《文化的解釋》。南京：譯林出版社。

100. Bryan A.Garne（布賴恩・迦納）（編），2004，《布萊克法律詞典》。北京：法律出版社。

101. Edward Burnett Tylor（愛德華・伯內特・泰勒）（著）、（連樹聲譯），2005，《原始文化：神話、哲學、宗教、語言、藝術和習俗發展之研究》。廣西師範大學出版社。

102. John Howkins（著），李璞良（譯），2003，《創意經濟──好點子變成好生意》。台北：典藏藝術家庭出版。

103. Thomas Hardy 等（著），韓建軍、商戈令（譯），1987，《文化與進化》。杭州：浙江人民出版社。

104. Shils E.（著），傅鏗等（譯），1992，《論傳統（Tradition）》。台北：桂冠出版社。

二、學位論文

1. 王巨山，2007，《手工藝類非物質文化遺產理論及博物館化保護研究》（博論），濟南：山東大學。

2. 王雋，2014，《我國政府在非物質文化遺產保護與傳承中的行為研究──基於系統論視角的分析》（博論），武漢：華中師範大學。

3. 王梨，2012，《貴州侗族服飾文化變遷研究》（博論），貴陽：貴州民族大學。

4. 王文靜，2011，《民族地區非物質文化遺產保護中的政府行為研究》（碩論），武漢：中南民族大學。

5. 王淑慧，2012，《靳埭強設計思想與風格研究》（碩論），蘭州：西北師範大學。

6. 王隽，2014，〈中國政府在非物質文化遺產保護與傳承中的行為研究——基於系統論視角的分析〉，（博論）華中師範大學公共管理學院。

7. 李游，2012，《做遺產：少數民族非物質文化遺產的人類學反思》（碩論），北京：中央民族大學。

8. 何歆，2001，《黎平侗族服飾研究》（博論），上海：東華大學。

9. 孟欣蓉，2013，《侗錦旅遊紀念品的開發設計研究》（博論），景德：鎮陶瓷學院。

10. 依霖，2013，《少數民族非物質文化遺產的法律保護研究》（碩論），北京：中央民族大學。

11. 馬麗，2008，《三江侗族服飾審美及時尚元素應用研究》（碩論），北京：北京服裝學院。

12. 陳雁，2010，《貴州侗族紡織藝術研究》（碩論），蘭州：蘭州大學。

13. 陳結媚，2011，《三江侗族民間刺繡的藝術人類學闡釋》（博論），桂林：廣西師範大學。

14. 曹寒娟，2010，《侗族服飾文化在社會轉型期的演變研究》（博論），天津：天津師範大學。

15. 張思成，2012，《論民間藝術的博物館化保護以南京民俗博物館為例》（碩論），南京：南京大學。

16. 雷軍，2013，《非物質文化遺產保護中的政府管理研究》（碩論），長安：長安大學。

17. 鄧惠文，2012，《從江侗族刺繡紋樣研究》（博論），株洲：湖南工業大學。

三、中文期刊

1. 王勝先，1984，〈侗族族源考略〉，《貴州民族研究》2：95～103。

2. 王豔暉、陳煒，2010，〈湖南通道侗錦藝術傳承現狀思考〉，《絲綢》9：
52～55。

3. 王宇、喬敏，2008，〈靳埭強海報設計的文化觀〉，《美與時代》6：103～
107。

4. 王彥，1984，〈淺談侗族的族源與遷徒〉，《貴州民族研究》4：75～88。

5. 王彥，2004，〈試論侗族的織繡紋飾〉，《服飾研究》4：34～36。

6. 王嵩山，2005，〈文化再現、以誰之名？〉，收入《想像與知識的道路：
博物館、族群與文化資產的人類學書寫》。臺北：稻香出版社。

7. 方李莉，2007，〈非物質文化遺產保護的深層社會背景——貴州梭嘎生態
博物館的研究與思考〉，《民族藝術》4：6～20。

8. 石霞鋒、王星，2010，〈論侗錦技藝的傳承與保護〉，《懷化學院學報》29
（7）：3～5。

9. 石若屏，1984，〈淺談侗族的族源與遷徒〉，《貴州民族研究》4：75～88。

10. 石佳能，1997，〈侗族服飾文化簡論〉，《懷化師專學報》12：365～375。

11. 石佳能，1997，〈侗族服飾及其文化內涵〉，《貴州文史叢刊》，9：81～87。

12. 田豔，2013，〈非物質文化遺產代表性傳承人認定制度探究〉，《政法論壇》
3：81～90。

13. 田曙嵐，1986，〈駱、僚研究〉，《中南民族大學學報（人文社會科學版）》
S1：4～10。

14. 向雲駒，2004，〈論口頭和非物質遺產的概念與範疇〉，《民間文化論壇》
3：69～73。

15. 牟延林、吳安新，2008，〈非物質文化遺產保護中的政府主導與政府責
任〉，《現代法學》30（1）：179～186。

16. 宋向光，2002，〈無形文化遺產對中國博物館工作的影響〉，《中國博物館》
4：40～47。

17. 宋兆麟，1989，〈後窪遺址雕塑品中的巫術寓意〉，《文物》12：23～28。

18. 李昕，2009，〈可經營性非物質文化遺產保護產業化運作合理性探討〉，
《廣西民族研究》1：165～171。

19. 李昕，2012，〈非物質文化遺產的國家政府主導型搶救模式分析〉，《山東
社會科學》3：75～77，82。

20. 李景鵬，2003，〈政府的責任和責任政府〉，《國家行政學院報》5：16～19。

21. 李春霞，2009，〈中國非物質文化遺產保護現狀思考〉，《鹽城師範學院學報（人文社會科學版）》29（6）：38～41。

22. 李曉秋、齊愛民，2007，〈商業開發和非物質文化遺產的「異化」與「反異化」：以韓國「人類活的珍寶制度」設計為視角〉，《電子智慧財產權》7：38～40。

23. 李萌，2001，〈旅遊購物商店的營銷策略〉，《商業研究》225：98～99。

24. 肖鵬，2008，〈從「真實性」的討論透視旅遊中的「舞臺展示」〉，《市場論壇》1：35～37。

25. 呂不韋（撰），陳奇猷（校釋），1985，〈恃君〉，《呂氏春秋》卷 20。台北：華正書局。

26. 呂舟，2012，〈淺析旅遊紀念品的設計與開發〉，《時代報告：學術版》8：168～170。

27. 呂建昌、廖非，2007，〈非物質文化遺產的國際認同〉，《上海大學學報》2：103～107。

28. 汪欣，2011，〈非物質文化遺產保護的文化生態論〉，《民間文化論壇》1：51～58。

29. 祁慶富，2006，〈論非物質文化遺產保護中的傳承與傳承人〉，《西北民族研究》3：114～123，199。

30. 何翠萍，2000，〈景頗羊毛裙的故事〉，發表於「『社群』研究的省思」研討會。台北：中央研究院民族學研究所主辦。11 月 17～18 日。

31. 何兆華，2012，〈身外物語——貴州施洞苗人的身體與國家界線〉，發表於「薰土吾民：2012 年文化研究會議」台北：中央研究院民族學研究所主辦。1 月 7～8 日。

32. 吳曉萍、何彪，2000，〈民族地區旅遊開發與民族社區的可持續發展〉，《貴州民族學院學報》1：77～84。

33. 吳景軍、楊旭昉，2012，〈侗錦，古老的指尖工藝〉，《民族論壇》1：42～44。

34. 吳大旬，2006，〈清朝經營侗族政策研究〉，中央民族大學博士論文。

35. 周安伯，2003，〈守護民族的精神家園〉，《求是》12：58～59。

36. 周超，2009，〈中日非物質文化遺產傳承人認定制度比較研究〉，《民族藝術》2：12～20。

37. 周春媚，2013，〈侗族建築藝術的審美意蘊詮釋〉，《柳州師專學報》5：4～70。

38. 易文君，2011，《中國國家級非物質文化保護中的地方政府職能研究——以湖北武當武術為例》（碩論）。武漢：華中農業大學。

39. 金毅，2004，〈民族文化旅遊開發模式與評介〉，《廣東技術師範學院學報》1：41～44。

40. 林榮泰、林伯賢，2009，〈融合文化與美學促成文化創意設計新興產業之探討〉，《藝術學報》85：81～105。

41. 林保堯，2005，〈中日文化資產法令比較與案例省思——以民族藝術、民俗及有關文物為例〉，《文資學報》1：181～236。

42. 胡豔麗，2011，〈侗族非物質文化遺產跨區域保護、傳承和活化初探〉，《學理論》11：122～130。

43. 胡豔麗、曾夢宇，2011，〈生境變遷與侗族文化傳承〉，《經濟與社會發展》6：82～85。

44. 侯貫中，2004，〈中國傳統文化產品市場開發策略研究〉，《西安交通大學學報（社會科學版）》12：30～33。

45. 姚源東，1992，〈侗族服飾的美學價值〉，《懷化師專學報》11（3）：34～37。

46. 范瑞凰，2011，〈從《溪蠻叢笑》看侗族文化與生態環境的適應歷程〉，《教育文化論壇》5：60～65。

47. 洪寒松，1985，〈侗族族稱、族源初探〉，《貴州民族研究》3：100～106。

48. 姜大謙，1991，〈論侗族紡織文化〉，《貴州民族研究》46（2）：64～70

49. 徐杰舜、韋小鵬，2008，〈嶺南民族源流研究述評〉，《廣西民族研究》3：115～124。

50. 馬曉京，2000，〈西部地區民族文化旅遊開發與民族文化保護〉，《旅遊學刊》5：50～54。

51. 馬曉京，2002，〈民族旅遊文化商品化與民族傳統文化的發展〉，《中南民

族大學學報（人文社會科學版）》22（6）：104～107。

52. 陳麗琴，2004，〈侗族服飾審美簡論〉，《貴州社會科學》4：34～38。

53. 莊思晦，1994，〈文化價值與商品價值〉，《哲學研究》10：10～17。

54. 陳綬祥，2004，〈把好民族民間文化保護的雙刃劍〉，《美術觀察》3：9～10。

55. 徐輝鴻、郭富青，2007，〈非物質文化遺產商標法保護模式的構建〉，《法學》2007（9）：94～101。

56. 徐輝鴻，2008，〈非物質文化遺產傳承人的法律保護機制探討〉，《民主與法制》2008.1：91～94。

57. 陳華文，2010，〈論中國非物質文化遺產的分級申報制度〉，《民俗研究》3：66～79。

58. 陳淑娟，2014，〈中國式非物質文化遺產保護理論與實踐探索〉，《民族論壇》345（4）：83～87。

59. 莫俊卿（著），百越史研究會（主編），1989，〈試論古越人與壯侗語族諸民族的淵源關係〉，收入《百越史研究》。貴陽：貴州人民出版社，頁153～171。

60. 麻光炳，1986，〈解放前貴州侗族地區社會性質初探〉，《貴州民族研究》3：73～82。

61. 張民，1980，〈從《祭祖歌》探討侗族的遷徙〉，《貴州民族研究》2：71～82。

62. 張民，1987，〈侗族史研究述評〉，《貴州民族研究》3：103～111。

63. 張民，1994，〈認探侗族的形成〉，《貴州民族研究》2：95～104。

64. 張得水、石曉霆，2002，〈互聯網博物館對無形文化遺產的保護和展示〉，《中國博物館》4：75～79。

65. 張牧涵，2007，〈申報制有利於傳承保護？是保護，還是毀滅〉，「市場報」06～13。

66. 張成福，2000，〈責任政府論〉。《中國人民大學學報》2：75～82。

67. 張春麗、李星明，2007，〈非物質文化遺產概念研究述論〉，《中華文化論壇》2：137～140。

68. 費孝通，1997，〈反思‧對話‧文化自覺〉，《北京大學學報》3：15～22。

69. 黃應貴，1997，〈從人類學的立場看心理學的本土化與本土契合性〉，《本土心理學研究》8：181～186。

70. 黃桂娥，2014，〈論貴州侗族服飾中的審美民族性〉，《貴州民族大學學報（哲學社會科學版）》1：156～160。

71. 黃勝進，2006，〈從「文化遺產」到「文化資本」——非物質文化遺產的內涵及其價值考察〉，《青海民族研究》4：10～12。

72. 黃育馥，1999，〈20 世紀興起的跨學科研究領域——文化生態學〉，《國外社會科學》6：19～25

73. 曾繁仁，2002，〈生態美學：後現代語境下嶄新的生態存在論美學觀〉，《陝西師範大學學報（哲學社會科學版）》2：5～16。

74. 傅安輝，1995，〈侗族的織繡藝術〉，《民俗研究）》1：155～161。

75. 傅安輝，2003，〈侗族服飾的歷史流變〉，《黔東南民族師範高等專科學校學報》21（2）：44～46。

76. 湯宗悟，1982，〈考古發現與侗族族源〉，《貴州民族研究》1：49～52。

77. 斯圖爾德，1983，〈文化生態學的概念和方法〉，《世界民族》6：27～33。

78. 楊旭東，2008，〈傳承人的個體崛起與民俗文化的發展——以新野猴戲為例〉，《重慶文理學院學報》1：4～7。

79. 楊洪、黃靜、李樹琪等，2007，〈湖南通道「百里侗文化旅遊長廊」開發研究〉，《熱帶地理》27（5）：466～471。

80. 楊洪、袁開國，2013，〈湖南懷化侗族非物質文化遺產旅遊開發研究〉，《旅遊研究與實踐》春季號：48～57。

81. 楊昌嗣、聞繼霞，1988，〈試論侗族民間織繡工藝的審美價值〉，《貴州民族研究》4：162～167。

82. 楊燕枝、吳思華，2009，〈文化創意產業的價值創造形塑之初探〉，《行銷評論》2（3）：311～335。

83. 楊曦，1996，〈侗族服飾〉，《藝文論叢》4：27～41。

84. 鄭柳青、陳興中，2009，〈物質文化遺產的非物質性與非物質文化遺產的物質性認同〉，《東南文化》1：23～27。

85. 廖耀南，1980，〈侗族〉，《西南民族大學學報（人文社科版）》4：68～71。

86. 趙士德、汪德旺，2013，〈文化生態視角下民族傳統手工技藝傳承與保

護〉,《貴州民族研究》6：49～52

87. 趙星,2009,〈貴州黎平侗族服飾文化的日常審美特徵〉,《貴州民族學院學報》3：66～68。

88. 甄朔南,2001,〈什麼是新博物館學〉,《中國博物館》2001（1）：26。

89. 鄭孝燮,2003,〈加強我國的世界遺產保護與防止「瀕危」的問題〉,《城市發展研究》2003（2）：51。

90. 劉玉清,2003,〈把非物質文化遺產推向休閒市場〉,《價格與市場》3：24～25。

91. 劉大和,2003,〈文化創意產業界定及其意義〉,《台灣經濟研究月刊》26：115～122。

92. 劉少君,2010,〈侗寨建築的空間佈局：以湖南省通道縣芋頭村為例〉,《民族學研究所資料彙編》21：53～78。

93. 劉少君,2014,〈侗錦傳承的式微與反思〉,收入《第五屆臺灣原住民族與大陸少數民族文化傳承與創新學術研討會論文集》,頁67～80,臺東：國立臺東生活美學館。

94. 劉秋芝、劉彥,2013,〈非物質文化遺產保護中地方政府角色的有效扮演〉,《蘭州交通大學學報》32（2）：59～62。

95. 劉坤,2009,〈非物質文化遺產保護中的政府角色研究——基於憲政理論的視角〉,《民族研究》20（3）：96～101。

96. 劉靜,2013,〈地域文化在文化創意產業發展中的應用模式～以皖江城市帶為例〉,《四川戲劇》8：84～85。

97. 劉宗碧,2008,〈我國少數民族文化傳承機制的當代變遷及其因應問題——以黔東南苗族侗族為例〉,《貴州民族研究》28（3）：160～166。

98. 劉望春,2003,〈法國鼓勵民間組織在保護文化遺產方面發揮作用〉,《北京觀察》3：43～44。

99. 劉魁立,2007,〈文化生態保護問題芻議〉,《中國非物質文化遺產》2：9～12。

100. 劉曉峰,2007,〈誰是「人間國寶」？——日本「重要無形文化財」的傳承人認定制度〉,《藝術評論》6：41～43。

101. 劉錫誠,2006,〈傳承與傳承人論〉,《河南教育學院學報（哲社版）》5：

24～36。

102. 劉芝鳳，2009，〈中國黎平侗族自然環境與民俗地理生存方式考察——貴州黎平黃崗侗寨個案分析〉，《學園：學者的精神家園》5：32～36。

103. 蔡苊，2004，〈侗錦藝術特色初探〉，《廣西民族研究》76（2）：77～81。

104. 潘雪梅，2012，〈論南方絲綢之路旅遊紀念品的開發與創新〉，《美術教育研究》8：68～70。

105. 蕭放，2008，〈關於非物質文化遺產傳承人的認定與保護方式的思考〉，《文化遺產》1：127～132。

106. 鐘賢巍，2007，〈振興東北老工業基地與發展產業旅遊〉，《經濟縱橫》9：127～132。

107. 盧德生、馮玉梓，2010，〈民族文化傳承與教師的文化自覺〉，《教育探索》11：101～103。

108. 薛步青，1982，〈民族藝術寶庫中的一顆明珠〉，《新美術》2：80～83。

109. 戴裔煊，1948，〈僚族研究〉，《民族學研究集刊》6：56～58。

110. 羅康隆，2005，〈論文化適應〉，《吉首大學學報（社會科學版）》2：67～73。

111. 顧軍，2005，〈法國文化遺產保護運動的理論與實踐〉，《江西社會科學》3：136～142。

112. 權小勇，2008〈論侗族精神中的生態價值〉，《廣西民族大學學報（哲學社會科學版）》S1：1～3。

113. 蘇東海，2001，〈國際生態博物館運動述略及中國的實踐〉，《中國博物館》2001（2）：2～7。

114. Milton M. Gordon，馬戎（編），1997，〈同化的性質〉，收入《西方民族社會學的理論與方法》。天津：天津人民出版社，頁91～112。

115. Eric Cohen，楊慧、陳志明、張展鴻（主編），2001，〈Ethnic Tourism in Southeast Asia（東南亞的民族文化旅遊）〉，《旅遊、人類學與中國社會》。昆明：雲南大學出版社。

116. Edward M Bruner，楊慧、陳志明、張展鴻（主編），2001，〈Ethnic Tourism：on Coroup，Three Contexts（民族文化旅遊．同一族群，三種場景）〉，《旅遊、人類學與中國社會》。昆明：雲南大學出版社。

117. M'Hammed Mellouki、Clermont Gauthier，宋瑩（譯），2006，〈教師是知識份子：文化的傳承者、闡釋者和批評者〉，《清華大學教育研究》4：14～22。

四、英文文獻

1. Boissevain, J., 1979, The impact of tourism on a dependent island: Gozo, Malta. Annals ofTourism Research, 6, 76-90.

2. Benhamou, Franoise, 2003, Heritage,in Ruth Towse,ed., A Handbook of Cultural Economics. Cheltenham: Edward Elgar Publishing.

3. Caves, R. E., 2000, Creative Industries: Contracts between Art and Commerce, Cambridge, Massachusetts: Harvard University Press, pp.2-8, 178-200.

4. Cohen, Eric, 1979, Rethinking the sociology of tourism. Annals ofTourism Research, 7, 18-35.

5. Cohen, Eric, 1988, Authenticity and Commoditization in Tourism. Annals of Tourism Research 15:371-386.

6. Crick, Malcom, 1989, Representations of International Tourism in the Social Sciences: Sun, Sex, Sights, Savings and Servility, Annual Review of Anthropology 18: 307-44.

7. Crossland, P.、Smith, F. I., 2002, Value Creation in Fine Arts: A System Dynamics Model of Inverse Demand and Information Cascades, Strategic Management Journal, Vol.23, pp.417-434.

8. Devenow, A.、Welch, I., 1996, Rational Herding in Financial Economics, European Economic Review, Vol.40, pp.603-615.

9. E.J.W. Barber, 1991, Prehistoric Textiles, Princeton: Princeton University Press.

10. Esther N. Goody, 1982, From Craft to Industry , the Ethnography of Proto-Industrial Cloth Production, London: Cambridge University Press.

11. Greenwood, D., 1977, "Culture by the Pound: An Anthropological Perspective on Tourism as Cultural Commodification." pp. 171-186 in Hosts and Guests, edited by V. Smith. Philadelphia: University of Pennsylvania

Press.

12. Gordon, B., 1986, The souvenir: Messenger of the extraordinary. Journal of Popular Culture 20(3): 135-146.

13. Graburn, N., 1977, Tourism: The sacred journey. in Host and guests: The anthropology of tourism, edited by V. Smith. Philadelphia: University pf Pennsylvania Press. pp. 21-36

14. Ho, Zhao-hua.ho（何兆華）, 2011, Gifts to Dye for: Cloth and Person Among Shidong Miao in Guizhou Province=染之成禮:貴州施洞苗族的布與人（博論）清華大學。

15. Homans, G., 1961, Social behavior: Its elementary forms. New York: Harcourt Brace.

16. Jess Pourret, 2002, The Yao, the Mien and Mun Yao in China, Vietnam, Laos and Thailand, Bangkok: River Books Co., Ltd.

17. Lee, K. P., 2004, Design methods for a cross-cultural collaborative design project. In J. Redmond, D. Durling, & A. de Bono (Eds.), Proceedings of Design Research Society International Conference - Futureground (Paper No.135), Melbourne: Monash University.

18. Leong, D.、Clark, H., 2003, Culture-based knowledge towards new design thinking and practice - A dialogue. Design Issues, 19(3):48-58.

19. Littrell, M. A., Baizerman S., Kran R., Gahring S., Nierneyer S., Reilly R., and J. Stout, 1994, Souvenirs and tourism styles. Journal of Travel Research, 33(1): 3-11.

20. Manchester University Press., 1981, Twurism as an Anthropological Subject. Current Anthropology. 22:461-481.

21. McKean, P., 1989, Towards a theoretical analysis of tourism: Economic dualism and cultural involution in Bali. In V. Smith (Ed.),Hosts andGuests: The Anthropology of Tourism, (pp. 119-138). Philadelphia: University of Pennsylvania Press.

22. Mina Roces and Louise Edwards, 2009, The Politics of Dress in Asia and the Americas, Brighton: Sussex Academic Press.

23. Moalosi, R.、Popovic, V.、Hudson A., 2004, Sociocultural factors that impact upon human-centered design in Botswana. In J. Redmond, D. Durling, & A. de Bono (Eds.), Proceedings of Design Research Society International Conference – Futureground (Paper No.716), Melbourne: Monash University.

24. Nicholas Tapp and Don Cohn, 2003, The Tribal Peoples of Southwest China, Bangkok: White Lotus Co. Ltd.

25. Peter Corrigan, 2008, The Dressed Society, Clothing, the Body and Some Meanings of the world. London: SAGE Publications Ltd.

26. Robert J. Sternberg, 1988, A three-facet model of creativity .In R .J. Sternberg (Ed.). The natural of creativity:contemporary psychological perspectives. New York: Cambridge University Press.

27. Ruck, M., Kaiser, S., Barry, M., Brummett, D, Freeman, C. and A. Peters, 1986. The Imported Export Market: An Investigation of Foreign Visitors' Gift and Personal Purchase. in Developments in Marketing Science, edited by N. K. Malhotra and J. M. Hawes. Greenvale NY: Academy of Marketing Science. pp.120-124.

28. Ruth Barnes and Joanne Eicher, 1997, Dress and Gender:, Making and meaning in cultural contexts, New York: Berg Publishers.

29. Smith Valene, 1977, 1989. Host and Guests: The Anthropology of Tourism. Philadelphia: Universityof Pennsylvania Press.

30. Vallee, P., 1987, Authenticity as a Factor in Segmenting the Canadian Travel Market.Unpublished M. A. thesis, Waterloo, Ont., University of Waterloo.

附錄一 國家級非物質文化遺產代表性專案代表性傳承人認定與管理辦法

第一章 總則

第一條 為繼承和弘揚中華民族優秀傳統文化，有效保護和傳承國家級非物質文化遺產代表性項目，鼓勵和支持國家級非物質文化遺產代表性項目代表性傳承人開展傳習活動，根據《中華人民共和國非物質文化遺產法》及有關法律法規，制定本辦法。

第二條 本辦法所稱的國家級非物質文化遺產代表性項目代表性傳承人，是指經國務院文化主管部門認定的，承擔國家級非物質文化遺產代表性項目傳承保護責任的代表性傳承人。

第二章 認定

第三條 國務院文化主管部門負責國家級非物質文化遺產代表性專案代表性傳承人認定工作。

　　認定國家級非物質文化遺產代表性項目代表性傳承人，應當堅持公開、公平、公正的原則，嚴格履行申報、審核、評審、公示、審批、公佈等程式。

第四條 符合下列條件的公民可以申請或者被推薦為國家級非物質文化遺產代表性項目代表性傳承人：

　　（一）愛崗敬業、遵紀守法、德藝雙馨；

　　（二）居住或長期工作在國家級非物質文化遺產專案流布地區；

（三）熟練掌握某項國家級非物質文化遺產代表性項目，在特定領域
內具有代表性，並在一定區域內具有較大影響；

（四）在該項國家級非物質文化遺產項目傳承中具有核心作用，積極
開展傳承活動，培養後繼人才；

（五）已經被命名為該項國家級非物質文化遺產項目的省級代表性傳
承人。

從事非物質文化遺產資料收集、整理和研究不直接從事傳承工作的人員，
不得認定為國家級非物質文化遺產代表性項目代表性傳承人。

第五條　公民提出申請國家級非物質文化遺產代表性專案代表性傳承人的，
應當向所在地縣級以上人民政府文化主管部門提交以下材料：

（一）申請人基本情況，包括年齡、性別、民族、文化程度、職業、
工作單位等；

（二）個人簡歷；

（三）該項目的傳承譜系，申請人的學習與實踐經歷、技藝特點和
成就；

（四）申請人授徒傳藝情況及為該專案保護傳承所作的其他貢獻；

（五）申請人持有該專案的相關實物、資料的情況；

（六）有助於說明申請人代表性的視聽資料等材料；

（七）同意縣級以上人民政府文化主管部門使用申報材料進行公益
性宣傳推廣的授權書。

（八）自覺開展國家級非物質文化遺產代表性專案傳承、傳播工作，
並接受文化主管部門管理、監督的承諾書。

國家級非物質文化遺產代表性專案保護單位可以向所在地縣級以上人民
政府文化主管部門推薦該項目代表性傳承人，但應當征得被推薦人的同意，
推薦材料應當包括本條第一款各項內容。

第六條　所在地文化主管部門收到申請材料或推薦材料後，應當組織專家進
行審核並逐級上報至省級文化主管部門。省級人民政府文化主管部
門收到上述材料後，應當組織專家進行評審，結合該專案在本行政
區域內的分佈情況和專案傳承發展狀況，提出推薦名單和審核意見，
連同原始申報材料和專家評審意見一併報送國務院文化主管部門。

專案保護單位屬中央直屬單位的，應由保護單位組織專家進行評審，提出評審意見並經其主管部門同意後，將相關材料報送國務院文化主管部門。

第七條　國務院文化主管部門組織對申報材料進行審核，並組建非物質文化遺產保護專家庫，從專家庫中隨機抽取不同類別的專家組成專家評審組，對審核通過後的申報材料進行初評。

第八條　專家評審組通過投票方式產生國家級非物質文化遺產專案代表性傳承人初選名單，提交國家級非物質文化遺產專案代表性傳承人評審委員會審議。

初選名單應經專家評審組成員半數以上同意通過。

第九條　國務院文化主管部門設立國家級非物質文化遺產代表性專案代表性傳承人評審委員會。評審委員會由國務院文化主管部門有關負責同志和相關領域專家組成，設主任一名、副主任若干名，主任由國務院文化主管部門有關負責同志擔任。評審委員會對各專家評審組的初選名單進行審議，提出國家級非物質文化遺產代表性項目代表性傳承人推薦名單。

第十條　國務院文化主管部門對評審委員會提出的推薦名單及基本資訊予以公示，公示時間不少於 20 個工作日。公示期間，同時徵求非物質文化遺產保護工作部際聯席會議成員單位意見。

第十一條　公示期滿後，評審委員會召開會議，審議公示期間社會公眾及有關部門回饋意見，提出國家級非物質文化遺產代表性專案代表性傳承人建議名單。

第十二條　國務院文化主管部門根據評審委員會審議意見，審定國家級非物質文化遺產代表性專案代表性傳承人建議名單，並予以公佈。

第三章　扶持

第十三條　縣級以上人民政府文化主管部門，應當積極支持本行政區域內國家級非物質文化遺產代表性項目代表性傳承人授徒傳藝，對學藝者進行資助、扶持。

第十四條　縣級以上人民政府文化主管部門根據需要，採取以下措施支援國家級非物質文化遺產代表性項目代表性傳承人開展傳承傳播活動：

（一）提供必要的傳承場所；

（二）提供必要的經費，資助其開展授徒傳藝、資料整理出版、
交流等活動；

（三）支持其參與社會公益性活動；

（四）支持其開展傳承傳播活動的其他措施。

對無經濟收入來源、生活確有困難的國家級非物質文化遺產代表性項目
代表性傳承人，所在地縣級以上人民政府文化主管部門應積極創造條件，並
鼓勵社會組織和個人進行資助，提供其基本生活保障。

第十五條　國家級非物質文化遺產代表性項目代表性傳承人合理利用非物質
文化遺產資源獲得的經濟收益，依法享受稅收優惠。

第十六條　國家對年事已高的國家級非物質文化遺產代表性項目代表性傳承
人或瀕危的國家級非物質文化遺產專案進行搶救性記錄。

第十七條　國家級非物質文化遺產代表性專案保護單位應採取文字、圖片、
錄音、錄影等方式，全面記錄該專案代表性傳承人掌握的非物質
文化遺產技藝和知識等，有計劃地徵集代表性傳承人的代表作品，
並妥善保管。

第四章　管理

第十八條　縣級以上人民政府文化主管部門，應健全制度，加強對轄區內國
家級非物質文化遺產代表性項目代表性傳承人的管理和服務。

第十九條　縣級以上人民政府文化主管部門，應當建立本地區國家級非物質
文化遺產代表性專案代表性傳承人檔案，及時更新其傳承傳播活
動等有關資訊，適時予以宣傳。有條件的地區可建立國家級非物
質文化遺產代表性專案傳承群體檔案。

第二十條　縣級以上人民政府文化主管部門，應當建立國家級非物質文化遺
產代表性專案代表性傳承人定期走訪慰問制度。遇有代表性傳承
人收徒、罹患重大疾病等重大事項的，應及時走訪慰問。

第二十一條　縣級以上人民政府文化主管部門對國家級非物質文化遺產代表
性專案代表性傳承人傳習活動給予經費支持或對學藝者給予補
貼的，可簽訂協定，制定考核標準，定期跟蹤、考核。

第二十二條　國家級非物質文化遺產代表性項目代表性傳承人應當履行以下
職責：

（一）定期制定專案傳承計畫，報所在地縣級以上人民政府文化

　　　　　　　主管部門備案；

（二）採取收徒、辦學等方式開展傳承活動，培養後繼人才；

（三）妥善保存相關的實物、資料；

（四）配合文化主管部門和其他有關部門進行非物質文化遺產調查；

（五）參與非物質文化遺產公益性宣傳；

（六）在不違反國家有關法律法規的前提下，配合文化主管部門建立專案檔案和資料庫，完整記錄專案的操作程式、技術規範、原材料要求、技藝要領等。

（七）定期向專案所在地文化主管部門提交專案傳承情況報告。

第二十三條　國家級非物質文化遺產代表性專案代表性傳承人制定傳承計畫，應與國家級非物質文化遺產代表性專案保護計畫相協調。

第二十四條　國家級非物質文化遺產代表性項目代表性傳承人有收徒、住所變更、罹患重大疾病、離世等重大變化的，傳承人或傳承人的近親屬應在 20 個工作日內向所在地文化主管部門報告。

第二十五條　省級人民政府文化主管部門應于每年 3 月 31 日前將本行政區域內國家級非物質文化遺產代表性項目代表性傳承人履行傳承職責的情況報送國務院文化主管部門。

第二十六條　國務院文化主管部門建立國家級非物質文化遺產代表性專案代表性傳承人資料庫。

第二十七條　國務院文化主管部門定期對國家級非物質文化遺產專案代表性傳承人履行傳承職責情況開展督查，並對代表性傳承人進行動態管理。

第二十八條　國務院文化主管部門對做出突出貢獻的國家級非物質文化遺產代表性項目代表性傳承人，給予表彰和獎勵。

第二十九條　國家級非物質文化遺產代表性項目代表性傳承人喪失傳承能力或離世的，經省級人民政府文化主管部門核實後，國務院文化主管部門可以重新認定該專案的代表性傳承人。

第三十條　國家級非物質文化遺產代表性項目代表性傳承人無正當理由不履行傳承義務的，經省級人民政府文化主管部門核實後，國務院文化主管部門可以取消其代表性傳承人資格，重新認定該專案的代

表性傳承人。

第三十一條　國家級非物質文化遺產代表性項目代表性傳承人因違反國家法律法規構成犯罪的，經省級人民政府文化主管部門核實後，國務院文化主管部門可以取消其代表性傳承人資格，重新認定該專案的代表性傳承人。

第五章附則

第三十二條　本《辦法》由國務院文化主管部門負責解釋。

第三十三條　本《辦法》自年月日起施行，原《國家級非物質文化遺產專案代表性傳承人認定與管理暫行辦法》同時廢止。

日期：2013-03-13

附錄二 湖南省非物質文化遺產專案代表性傳承人認定與管理辦法

　　湖南省文化廳關於印發《湖南省非物質文化遺產項目代表性傳承人認定與管理辦法》的通知

　　各市州文化局、省非物質文化遺產保護中心：

　　為加強對非物質文化遺產代表性傳承人的保護，促進我省非物質文化遺產的繼承和弘揚，根據《國務院辦公廳關於加強我國非物質文化遺產保護工作的意見》（國辦發〔2005〕18 號）、《國家級非物質文化遺產專案代表性傳承人認定與管理暫行辦法》（文化部令第 45 號）和《湖南省政府辦公廳關於加強非物質文化遺產保護工作的意見》（湘政辦發〔2005〕27 號）精神，結合我省實際，特制定《湖南省非物質文化遺產專案代表性傳承人認定與管理辦法》，現予以印發，請遵照執行。

　　二〇〇九年十月十九日

湖南省非物質文化遺產項目代表性傳承人

《湖南省非物質文化遺產專案代表性傳承人認定與管理辦法》

第一條　為有效保護和傳承我省非物質文化遺產，鼓勵和支持省級非物質文化遺產專案代表性傳承人開展傳習活動，根據《國家級非物質文化遺產專案代表性傳承人認定與管理暫行辦法》（文化部令第 45 號）

和《湖南省政府辦公廳關於加強非物質文化遺產保護工作的意見》（湘政辦發〔2005〕27 號）精神，制定本辦法。

第二條　本辦法所稱的 "代表性傳承人" 是指經省文化行政部門認定的，承擔省級非物質文化遺產名錄項目傳承保護責任，具有公認的代表性、權威性與影響力的傳承人。

第三條　省級非物質文化遺產專案代表性傳承人的認定，應當堅持公開、公平、公正的原則，嚴格履行申報、審核、評審、公示、審批、公佈等程式。

第四條　符合下列條件的公民可以申請或者被推薦為省級非物質文化遺產專案代表性傳承人：

（一）完整掌握並承續某項省級非物質文化遺產或其特殊技能；

（二）在一定區域或領域被公認為具有某項目的代表性和影響力；

（三）積極開展傳承活動，培養後繼人才；

（四）師承脈絡清晰連貫，具有較長的傳承經歷；

（五）申請人或被推薦人是市州文化行政部門已公佈的市級非物質文化遺產專案代表性傳承人。

從事非物質文化遺產資料收集、整理和研究的人員不得認定為省級非物質文化遺產專案代表性傳承人。

第五條　公民提出省級非物質文化遺產專案代表性傳承人申請的，由個人自願向所在地縣級以上文化行政部門申報，經所在地市州文化行政部門組織專家審核、認定同意後上報至省文化行政部門。

省級非物質文化遺產專案保護單位可以向所在地縣級以上文化行政部門推薦該項目代表性傳承人，但應當征得被推薦人的同意，推薦材料應當包括第六條各項內容。

申請人屬省直屬單位的，由省直屬單位提出推薦名單和推薦意見，報送省文化行政部門。

第六條　申請或推薦省級非物質文化遺產專案代表性傳承人，須提供下列材料：

（一）申請人的基本情況，包括年齡、性別、民族、學歷、工作單位和職業等；

（二）申請人個人簡歷、該項目領域的傳承譜系以及學習與實踐經歷；

（三）申請人技藝特點、個人成就及相關的證明材料；

（四）申請人擁有該專案的相關實物、照片、資料的情況；

（五）其他有助於說明申請人代表性的材料；

（六）專案保護單位意見、市州專家委員會評議意見及市州文化行政部門的推薦意見。

第七條　文化行政部門接到申請材料或推薦材料後，應當組織專家進行審核並逐級上報。

市州文化行政部門收到上述材料後，應當組織市州非物質文化遺產專家委員會進行評審，結合該專案在本行政區域內的分佈情況，提出推薦名單和審核意見，連同原始申報材料和專家評審意見一併報送省文化行政部門。

第八條　省文化行政部門根據申請人材料和市州文化行政部門的推薦意見，結合申請專案在全省的分佈情況，進行整理分類，組織省非物質文化遺產保護工作專家評審委員會，對申請人進行初審和評議，提出省級非物質文化遺產專案代表性傳承人的推薦名單，報省文化行政部門。

第九條　省文化行政部門通過媒體對代表性傳承人的推薦名單向社會公示，公示期為 10 天。

第十條　省文化行政部門根據公示結果，審定省級非物質文化遺產專案代表性傳承人名單，並予以公佈，頒發省級非物質文化遺產專案代表性傳承人證書。

第十一條　省級非物質文化遺產專案代表性傳承人的命名根據保護傳承的實際需要，不定期開展命名工作。

第十二條　省級非物質文化遺產專案保護單位應採取文字、圖片、錄音、錄影等方式，全面記錄該專案代表性傳承人掌握的非物質文化遺產表現形式、技藝和知識等，有計劃地徵集並保管代表性傳承人的代表作品，建立有關檔案。

第十三條　各級文化行政部門應當支持鼓勵省級非物質文化遺產專案代表性傳承人按師承的形式選擇培養新的傳人，保護傳承人依法開展傳藝、講學及藝術創作、研究等活動，盡可能為其提供必要的傳習

活動場所。對無經濟收入來源，生活確有困難而無法正常開展傳承活動的省級非物質文化遺產專案代表性傳承人，所在地文化行政部門應積極創造條件，給予重點扶持，並鼓勵社會組織和個人進行資助，保障其基本生活。

第十四條　省文化行政部門根據當年度省本級非物質文化遺產保護專項資金安排情況，確定傳承人資助資金，資助資金用於代表性傳承人從事下列傳習活動：

（一）整理、記錄、出版有關技藝資料；

（二）授徒傳藝、培訓講習；

（三）展演、展示和學術交流；

（四）其他有助於非物質文化遺產保護與傳承的事項。

第十五條　省級非物質文化遺產項目代表性傳承人應承擔以下責任與義務：

（一）在不違反國家有關法律、法規的前提下，按照協議的資助專案任務書規定的時限和要求，向當地及上級文化行政部門提供完整的專案操作程式、技術規範、技藝要領、材料要求等非物質文化遺產資料；

（二）努力從事非物質文化遺產的生產、創作，提供高品質的非物質文化遺產作品及其他智力成果，積極參與各級文化行政部門組織的展覽、演示、教育、研討、交流等活動；

（三）採取收徒、辦學等方式開展傳承活動，無保留的傳授技藝，培養後繼人才；

（四）定期向省文化行政部門提交實施情況報告。

第十六條　各級文化行政部門應在每年年底前，將本行政區域內的省級非物質文化遺產專案代表性傳承人的基本情況及開展傳承活動的情況報省文化行政部門備案。

第十七條　各級文化行政部門應當建立非物質文化遺產專案代表性傳承人檔案，對非物質文化遺產項目代表性傳承人的傳承活動進行指導和監督。

第十八條　省級非物質文化遺產項目代表性傳承人無正當理由不履行傳承義務，在規定時間內未完成專案任務書要求的傳承任務，連續兩年無傳承活動者或喪失傳承能力、無法履行傳承義務的，經省文化

　　行政部門核實批准後，取消其省級非物質文化遺產項目代表性傳
　　承人的資格及其傳承人所享受的一切待遇，並按照評審、認定程
　　式，重新認定該專案的代表性傳承人。

第十九條　本《辦法》由湖南省文化廳負責解釋。

第二十條　本《辦法》自公佈之日起施行。

附錄三 通道縣非物質文化遺產項目代表性傳承人認定、推薦與管理暫行辦法

第一條　為有效保護傳承通道侗族自治縣非物質文化遺產，鼓勵和支持非物質文化遺產項目代表性傳承人開展傳習活動，根據國務院辦公廳《關於加強我國非物質文化遺產保護工作的意見》（國辦發〔2005〕42號）和湖南省人民政府辦公廳《關於加強非物質文化遺產保護工作的意見》（湘政辦發〔2005〕27號）精神，特制定本辦法。

第二條　本辦法所稱的「代表性傳承人」是指列入縣級以上非物質文化遺產名錄以及認為需要保護的，經縣人民政府公佈的有代表性的傳承人。

第三條　縣非物質文化遺產專案代表性傳承人的認定，須經申報、審核、評審、公示、審批、公佈等程式。

第四條　符合下列條件的公民可以申請或者被推薦為我縣非物質文化遺產項目代表性傳承人：

（一）完整掌握該項目或者其特殊技能；

（二）具有該項目公認的代表性、權威性與影響力；

（三）積極開展傳承活動，培養後繼人才。

第五條　縣非物質文化遺產項目代表性傳承人的申報，由個人向所在鄉鎮人民政府、縣直屬單位、社會團體等提出申請，推薦至縣文化行政主管部門，經縣非物質文化遺產保護工作專家評審委員會（以下簡稱

專家評審委員會）審核、公示後，報縣人民政府公佈為縣非物質文化遺產專案代表性傳承人。

第六條　縣、市、省級非物質文化遺產項目代表性傳承人的推薦，須提供下列材料：

（一）申請人的基本情況，包括年齡、性別、學歷、工作單位和職業，當前的工作和生活情況；

（二）申請人在該項目領域的傳承譜系、學習與實踐經歷；

（三）申請人的技藝特點、特色和個人成就；

（四）申請人持有該專案的相關資料，如影本、實物、照片等；

（五）其他有助於說明申請人代表性的材料。

第七條　縣文化行政主管部門根據申請人材料，結合申請專案的分佈情況，組織專家評審委員會對申請人進行審核評議，提出縣非物質文化遺產專案代表性傳承人的推薦名單。

第八條　縣文化行政主管部門對專家評審委員會提出的代表性傳承人的推薦名單向社會公示，公示期為 30 天。

第九條　專家評審委員會根據公示結果對推薦名單進行復審，並報縣人民政府審定，由縣人民政府下發檔、頒發證書，向社會公佈。

第十條　縣非物質文化遺產項目代表性傳承人的評審與認定，堅持公正、公平、公開的原則。

第十一條　縣人民政府根據保護和傳承民族文化的實際需要，不定期開展非物質文化遺產專案代表性傳承人的認定工作。

第十二條　縣人民政府根據縣文化行政主管部門和專家委員會的推薦意見，選拔推薦上報參加市級、省級、國家級非物質文化遺產專案代表性傳承人評審。

第十三條　縣文化行政主管部門、鄉鎮人民政府、縣直屬單位、社會團體切實做好非物質文化遺產傳承人的保護、資助和管理工作。

（一）凡被公佈為縣級以上非物質文化遺產項目代表性傳承人的，對其所從事的、有重大意義的傳承活動或專案，縣財政在經費上給予扶持，對堅持開展傳習活動並有重大影響的非物質文化遺產傳承人給予重點扶持；

（二）積極發動和吸引傳承人參加各類傳習活動，支持其按師承形

式選擇、培養傳承人，保護其依法開展的傳藝、講學及藝術
創作、研究等活動，並提供必要的傳習活動場所；

（三）非物質文化遺產項目代表性傳承人所掌握的非物質文化遺
產的知識產權受法律、法規保護；

（四）在發展民族民間傳統文化項目、開展健康有益的民族民間文
化活動中，要注意發揮非物質文化遺產傳承人的積極性，用
所掌握的知識、技藝為文化、經濟建設服務；

（五）積極組織開展非物質文化遺產專案研討、展示、宣傳、傳播
等活動，促進交流與合作；

（六）採取文字、圖片、錄音、錄影等方式，全面記錄傳承人掌握
的非物質文化遺產表現形式、技藝、技能和知識等，建立非
物質文化遺產專案代表性傳承人檔案。

第十四條　非物質文化遺產項目保護專項資金列入縣財政預算，資助代表性
傳承人從事下列傳習活動：

（一）整理、記錄、出版有關技藝資料；

（二）授徒傳藝、培訓講習；

（三）展演、展示和學術交流；

（四）其他有助於非物質文化遺產保護與傳承的事項。

第十五條　非物質文化遺產項目代表性傳承人接受縣人民政府資助，必須提
交下列相關資料：

（一）申請人傳承簡歷、目前的工作與生活情況；

（二）申請專案的瀕危狀況；

（三）從事該專案傳承的具體目標任務；

（四）完成任務的方法、途徑、步驟、必要條件和詳細的經費預
算；

（五）申請資助的經費數額；

（六）其他需要說明的事項。

第十六條　申請資助的程式：

（一）申請資助的非物質文化遺產專案代表性傳承人，向縣人民政
府提出申請；

（二）縣文化行政主管部門組織有關專家審核申請資助的材料，提

出經費資助意見，報縣人民政府審批；

（三）縣文化行政主管部門與受資助的非物質文化遺產項目代表
性傳承人簽訂資助專案協定。

第十七條　受資助的非物質文化遺產專案代表性傳承人根據協定的目標任務
及資助數額，承擔以下責任與義務：

（一）按照協議要求，完成傳承任務；

（二）在不侵犯知識產權的前提下，向縣文化行政主管部門提供操
作程式、技術規範、技藝要領、材料要求等相關資料；

（三）積極從事非物質文化遺產項目的生產、創作，提供高品質的
非物質文化遺產作品及其他智力成果；

（四）認真開展傳承活動、傳授技藝、培養後繼人才；

（五）積極參與展覽、演示、教育、研討、交流等活動；

（六）按規定向縣文化行政主管部門提交實施情況報告。

第十八條　縣文化行政主管部門按資助協議書的內容對受資助的非物質文化
遺產項目進行檢查、指導和監督。

第十九條　受資助的非物質文化遺產項目代表性傳承人必須履行傳習義務，
傳承人出現下列情形之一的，停止資助，按照程式另行認定該專
案傳承人：

（一）喪失傳承能力、無法履行傳承義務的；

（二）怠於履行傳承義務的；

（三）違反國家法律，構成刑事犯罪，受到刑事處分的。

第二十條　本辦法由縣文化局負責解釋。

第二十一條　本辦法自頒佈之日起施行。

附錄四　侗族——國家級非物質文化遺產代表性項目名錄

省	縣	項　目	國家級代表性傳承人
湖南	通道	侗錦織造技藝	粟田梅（女）
湖南	通道	侗戲	吳尚德（男）
湖南	通道	蘆笙音樂	楊枝光（男）
湖南	新晃	侗族儺戲	龍子明（男）、龍開春（男）
貴州	玉屏	玉屏簫笛製作技藝	劉澤松（男）、姚茂祿（男）
貴州	從江 黎平	侗族木構建築營造技藝	——
貴州	從江 黎平	侗族大歌	潘薩銀花（女）、吳仁和（男）、吳品仙（女）、胡官美（女）
貴州	榕江 黎平 從江	侗族琵琶歌	吳家興（男）、吳玉竹（女）、吳家興（男）、吳仕恒（男）
貴州	榕江、黎平	侗族薩瑪節	——
貴州	榕江	侗年	——
貴州	黎平	侗戲	張啟高（男）、吳勝章（男）
貴州	錦屏	侗族刺繡	陳顯月（女）
貴州	黔東南州	侗醫藥	——
貴州	黔東南州	侗族服飾	——
廣西	三江、柳州	侗族大歌	吳光祖（男）、覃奶號（女）
廣西	三江	侗族木構建築營造技藝	楊似玉（男）

＊本表呈現「——」符號者，為暫無選出代表性傳承人，或暫無官方資料可查。
劉少君整理、製表

附錄五　侗族——省級非物質文化遺產代表性項目名錄

省	縣	項　目	省級代表性傳承人
湖南	通道	侗族琵琶歌	吳永春（男）
湖南	通道	大戊梁歌會	——
湖南	通道	蘆笙音樂	楊枝光（男）、石喜富（男）
湖南	通道	侗族喉路歌	陸飄（女）
湖南	通道	侗款	吳祥躍（男）
湖南	通道	侗族大歌	吳煥英（女）
湖南	通道	侗戲	吳尚德（男）
湖南	新晃	侗族儺戲	龍子明（男）、龍開春（男）
湖南	通道	侗錦織造技藝	粟田梅（女）、吳念姫（女）
貴州	玉屏	玉屏簫笛製作技藝	劉澤松（男）、姚茂祿（男）、楊長流（男）
貴州	黎平 從江 榕江	侗族大歌	潘薩銀花（女）、羅婢云（女）潘刷立花（女）、吳仁和（男）、吳品仙（女）、胡官美（女）、吳學桂（女）、吳成龍（男）、吳世雄（男）、吳志成（男）、賈福英（男）、胡官美（女）、
貴州	黎平、從江	侗族木構建築營造技藝	陸文禮（男）、楊光錦（男）
貴州	黎平	侗族摔跤	韋海光（男）

貴州	黎平	侗戲	張啟高（男）、吳勝章（男）、周紹元（男）、吳正剛（男）、楊月豔（女）、吳仕恒（男）、吳仁和（男）
貴州	黎平	侗族河邊腔	——
貴州	黎平	侗族鼓樓花橋建造技藝	楊應琪（男）、
貴州	黎平	侗族款約	——
貴州	黎平	侗族祭薩	——
貴州	從江	占裡侗族生育習俗	
貴州	榕江、從江	侗族民間文學《珠郎娘美》	——
貴州	榕江	侗族薩瑪節	——
貴州	榕江	珠郎娘美	石云昌（男）
貴州	榕江、黎平、從江	侗族琵琶歌	吳家興（男）、吳玉竹（女）、吳仕恒（男）、楊月豔（女）、楊昌奇（男）、吳長嬌（女）、吳德光（男）
貴州	黎平	君琵琶	姚成仁（男）
貴州	錦屏	侗年	——
貴州	錦屏	侗族刺繡	陳顯月（女）
貴州	黔東南州	侗醫藥	——
貴州	黔東南州	侗族服飾	楊老貓（女）
貴州	錦屏	侗族北部方言歌會	楊代梅（女）
貴州	錦屏	侗族歌簦	劉炫（男）
貴州	錦屏	平秋北侗婚戀習俗	——
貴州	石阡	侗族民俗「悄悄年」	——
貴州	石阡	石阡木偶戲	符正貴（男）、符正華（男）
貴州	劍河	小廣侗族娶親節	——
貴州	岑鞏	思州儺戲儺技	張海余（男）
貴州	岑鞏	思州喜儺神	舒萬球（男）
貴州	岑鞏	思州石硯製作工藝	張小平（男）
貴州	三穗	土法造紙工藝	楊再祥（男）
貴州	萬山特區	竹編工藝	張先美（男）
貴州	萬山特區	鼟鑼（鑼）	劉德厚（男）

貴州	天柱	侗族月牙鎧	——
廣西	三江	侗戲	楊開遠（男）
廣西	三江	侗族器樂	——
廣西	三江	侗族刺繡	——
廣西	三江、柳州	侗族大歌	吳光祖（男）、覃奶號（女）
廣西	三江	侗族木構建築營造技藝	楊似玉（男）
廣西	三江	侗族醫藥	——
廣西	三江、龍勝	侗族百家宴	——
廣西	三江	侗族款習俗	——
廣西	三江	侗族花炮節	——

＊本表呈現「——」符號者，為暫無選出代表性傳承人，或暫無官方資料可查。
劉少君整理、製表

附錄六　國家級非物質文化遺產項目名錄——織錦技藝項目

項目編號	國家級非物質文化遺產名錄	申請地區
Ⅷ—13	南京雲錦木機妝花手工織造技藝	江蘇省南京市
Ⅷ—14	宋錦織造技藝	江蘇省蘇州市
Ⅷ—15	蘇州緙絲織造技藝	江蘇省蘇州市
Ⅷ—16	蜀錦織造技藝	四川省成都市
Ⅷ—17	烏泥涇手工棉紡織技藝	上海市徐匯區
Ⅷ—18	土家族織錦技藝	湖南省湘西侗族苗族自治州
Ⅷ—19	黎族傳統紡染織繡技藝	海南省樂東黎族自治縣
Ⅷ—20	壯族織錦技藝	廣西壯族自治區靖西縣
Ⅷ—21	藏族邦典、卡墊織造技藝	西藏自治區山南地區
Ⅷ—22	加牙藏族織毯技藝	青海省湟中縣
Ⅷ—23	維吾爾族花氈、印花布織染技藝	新疆維吾爾自治區吐魯番地區
Ⅷ—100	廣東省佛山市順德區	廣東省佛山市順德區
Ⅷ—103	魯錦織造技藝	山東省鄄城縣、嘉祥縣
Ⅷ—104	侗錦織造技藝	湖南省通道侗族自治縣
Ⅷ—105	苗族織錦技藝	貴州省麻江縣、雷山縣
Ⅷ—106	傣族織錦技藝	雲南省西雙版納傣族自治州
Ⅷ—107	香雲紗染整技藝	廣東省佛山市順德區
Ⅷ—109	新疆維吾爾族艾德萊斯綢織染技藝	新疆維吾爾自治區洛浦縣
Ⅷ—110	地毯織造技藝（北京宮毯織造技藝、阿拉善地毯織造技藝、維吾爾族地毯織造技藝）	北京市內蒙古自治區阿拉善左旗新疆維吾爾自治區洛浦縣

劉少君整理、製表

附錄七　通道侗族自治縣列入非物質
文化遺產項目名錄及傳承人

1. 列入國家級非物質文化遺產項目名錄 3 項

侗戲　　　　　　　　（第一批國家級第 1 批省級名錄）

侗族蘆笙　　　　　　（第二批國家級第 1 批省級名錄）

侗錦織造技藝　　　　（第二批國家級第 1 批省級名錄）

2. 列入省級非物質文化遺產項目名錄 4 項

侗族琵琶歌　　　　　（第 1 批省級名錄）

大戊梁歌會　　　　　（第 1 批省級名錄）

侗族喉路歌　　　　　（第 2 批省級名錄）

侗款　　　　　　　　（第 2 批省級名錄）

3. 列入市級非物質文化遺產名錄 2 項

侗族大歌、侗族多吔

4. 國家級國家非物質文化遺產傳承人 3 人

楊枝光　男 1954.4　　獨坡鄉坪寨村　　蘆笙音樂　　　（第三批國家級名單）

吳尚德　男 1938.12　黃土鄉盤集村　　侗戲　　　　　（第三批國家級名單）

粟田梅　女 1964.8　　牙屯堡鎮楓香村　侗錦織造技藝　（第三批國家級名單）

5. 省級國家非物質文化遺產傳承人 7 人（3 人為國家級傳承人）

楊枝光　男 1954.4　　獨坡鄉坪寨村　　蘆笙音樂　　　（第 1 批省級名單）

吳尚德　男 1938.12　黃土鄉盤集村　　侗戲　　　　　（第 1 批省級名單）

粟田梅　女 1964.8　牙屯堡鎮楓香村　侗錦織造技藝　（第 1 批省級名單）

吳念姬　女 1962.3　播陽鎮陳團村　侗錦織造技藝　（第 1 批省級名單）

石喜富　男 1947.9　隴城鎮隴城村　侗族蘆笙　（第 1 批省級名單）

石志運　男 1959.4　黃土鄉下都天村　侗族琵琶歌　（第 1 批省級名單）

吳永春　男 1968.2　坪坦鄉平日村　侗族琵琶歌　（第 1 批省級名單）

劉少君整理、製表

附錄八 侗族人口數與密集度排名表
（依中國國家統計局 2010 年
第五次人口普查統計）

人口數排名	縣市區	文化圈	侗族人口	佔侗人口	縣市人口	佔縣人口	密集度排名
1	貴州黎平	南侗	324,867 人	10.97%	458,533 人	70.85%	5
2	貴州天柱	北侗	235,241 人	7.95%	348,302 人	67.54%	6
3	湖南新晃	北侗	193,678 人	6.54%	241,690 人	80.13%	1
4	湖南芷江	北侗	175,030 人	5.91%	334,229 人	52.37%	9
5	湖南會同	南侗	173,947 人	5.88%	331,392 人	52.49%	8
6	廣西三江	南侗	170,248 人	5.75%	304,149 人	55.98%	7
7	湖南通道	南侗	156,719 人	5.29%	206,327 人	75.96%	3
8	貴州從江	南侗	123,270 人	4.16%	301,513 人	40.88%	12
9	貴州榕江	南侗	115,295 人	3.89%	300,369 人	38.38%	13
10	貴州銅仁	北侗	104,057 人	3.52%	308,583 人	33.72%	15
11	貴州石阡	北侗	101,990 人	3.45%	334,508 人	30.49%	18
12	貴州玉屏	北侗	98,757 人	3.34%	126,462 人	78.09%	2
13	貴州錦屏	北侗	94,537 人	3.19%	190,429 人	49.64%	10
14	貴州三穗	北侗	83,193 人	2.81%	170,167 人	48.89%	11
15	貴州鎮遠	北侗	71,800 人	2.43%	222,766 人	32.23%	17
16	貴州劍河	北侗	65,170 人	2.20%	189,085 人	34.47%	14
17	湖南靖州	南侗	63,962 人	2.16%	245,444 人	26.06%	20

18	貴州岑鞏	北侗	61,006 人	2.06%	187,734 人	32.50%	16
19	廣西融水	南侗	48,020 人	1.62%	425,608 人	11.28%	22
20	湖北宣恩	北侗	43,817 人	1.48%	335,984 人	13.04%	21
21	廣西龍勝	南侗	42,718 人	1.44%	160,796 人	26.57%	19
22	貴州萬山	北侗	40,130 人	1.36%	54,674 人	73.40%	4
23	湖南洪江	北侗	24,998 人	0.84%	485,061 人	5.15%	24
	貴州凱里	——	22,099 人	0.75%	——	——	——
24	湖南綏寧	南侗	19,004 人	0.64%	599,680 人	3.17%	26
25	湖北恩施	北侗	17,817 人	0.60%	755,725 人	2.36%	30
26	貴州江口	南侗	17,011 人	0.57%	189,288 人	8.99%	23
27	貴州松桃	北侗	14,025 人	0.47%	547,488 人	2.56%	29
28	廣西柳州	南侗	11,644 人	0.39%	256,730 人	4.54%	25
29	湖南懷化鶴城區	北侗	10,370 人	0.35%	346,522 人	2.99%	27
30	廣東深圳	——	10,001 人	0.34%	7,008,831 人	0.14%	35
31	廣西融安	南侗	8,363 人	0.28%	283,029 人	2.95%	28
32	湖南漵浦	北侗	6,214 人	0.21%	798,983 人	0.78%	32
33	湖南城步	南侗	3,006 人	0.10%	241,517 人	1.24%	31
34	湖北咸豐	北侗	2,739 人	0.9%	363,710 人	0.75%	33
35	廣西鹿寨	南侗	1,132 人	0.04%	418,665 人	0.27%	34
36	廣西七星	——	1,030 人	0.03%	804,571 人	0.13%	36
	貴州其他	——	56,120 人	1.90%	——	——	——
	湖南其他	——	15,195 人	0.51%	——	——	——
	廣西其他	——	9,983 人	0.34%	——	——	——
	湖北其他	——	5,574 人	0.19%	——	——	——
	其他	——	116,516	3.94%	——	——	——
合計	——	——	2,960,293 人	——	18,878,544 人	14.49%	——

劉少君整理、製表

附錄九　侗錦織造技藝主要訪談對象

姓　名	性　別	訪談內容	職　銜	訪談地點
粟田梅	女	侗錦織造技藝工序、紋樣意涵、侗錦保護與文創思維、傳承方式	侗錦織造技藝國家級傳承人	牙屯堡鎮
吳念姬	女	侗錦織造技藝工序、紋樣意涵、侗錦保護與文創思維、傳承方式	侗錦織造技藝省級傳承	雙江鎮
吳主任	女	侗錦使用習慣、展覽理念、傳習執行	侗錦博物館負責人	黃土鄉
歐瑞凡	女	侗錦生產、文創、銷售、公司成立等思維	呀囉耶侗錦織造公司負責人	雙江鎮
石願兵	男	侗族語言與文化歷史	湖南省侗學會理事	雙江鎮
石佳能	男	侗族歷史、文化與調查現況	湖南省侗學會祕書長	雙江鎮
吳文志	男	侗族文化、薩文化與調查現況	湖南省民間非物質文化遺產研究基地研究員	雙江鎮
楊少勇	男	侗族歷史、文化與調查現況	縣非物質文化遺產保護中心副主任	雙江鎮
林良斌	男	非物質文化遺產調查現況	通道縣民宗局局長	雙江鎮
楊少波	男	侗族歷史、文化與調查現況	湖南省懷化市文學藝術界聯合會黨務書記	雙江鎮
吳景軍	男	侗錦歷史、文化與調查現況	侗學會	雙江鎮

楊旭昉	男	侗族歷史、文化與調查現況	通道縣文聯主席	雙江鎮
張靖明	男	張柏如事蹟	通道縣文物局	雙江鎮
梁全康	男	侗族歷史與文化	從江鎮台辦	從江鎮
楊 TW	男	侗族建築村寨佈局	芋頭村民	雙江鎮
吳 NJ	女	新一代學習者的思維	織錦藝人	雙江鎮
吳 TM	女	侗錦紋飾的應用與銷售	織錦藝人	黃土鄉
楊 TM	女	侗錦紋飾的應用與內涵	織錦藝人	雙江鎮
粟 SZ	女	侗錦紋飾的應用與內涵	織錦藝人	牙屯堡鎮
龍 LJ	女	侗錦紋飾的應用與內涵	織錦藝人	牙屯堡鎮
粟 SA	女	侗錦紋飾的應用與內涵	織錦藝人	牙屯堡鎮
黃 ZF	女	侗錦紋飾的應用與內涵	織錦藝人	牙屯堡鎮
黃 YE	女	侗錦紋飾的應用與內涵	織錦藝人	獨坡鄉
黃 YD	女	侗錦紋飾的應用與內涵	織錦藝人	獨坡鄉
吳 MH	女	侗錦紋飾的應用與內涵	織錦藝人	獨坡鄉
吳 PW	女	侗錦紋飾的應用與內涵	織錦藝人	獨坡鄉
吳 LH	女	侗錦紋飾與侗族生活文化	織錦藝人	播陽鎮
楊 YD	女	侗錦紋飾與侗族生活文化	織錦藝人	坪坦鄉
吳 GJ	女	侗錦紋飾與侗族生活文化	織錦藝人	坪陽鄉
吳 HS	女	侗錦紋飾與侗族生活文化	織錦藝人	坪陽鄉

＊本論文訪談對象對於政府、傳承人、學者、專家以記名方式呈現；傳習者、族人則採用代號表示。